カンバーランド長老キリスト教会
高座教会七〇年史

イエスを見つめながら

カンバーランド長老キリスト教会 高座教会【編】

新教出版社

現在の礼拝堂。正面上部外観と 2014 年に改修された礼拝室

改修に合わせて設置されたパイプオルガン

現在の礼拝堂正面

創立 50 周年に献堂された教育館「ヨベル館」

「主の食卓を囲む礼拝」のコンセプトのもと改修された 1 階の会衆席

復活の恵みの光が差し込む十字架
聖餐卓の左右に説教台、洗礼盤を配置した講壇

幼稚園園舎ホールと 2 階の教室

2015 年に完成した高座みどり幼稚園園舎

鈴木次男長老

C.ストレート師

贈られた英文聖書

教会建設予定地に立てられた看板

田中清隆長老

発起人代表 鷲沢與四二

クレメンスホール定礎石の銅板

クレメンスホール上棟式

C.クレメンス師

生島牧師と青年たち

吉﨑牧師と青年たち

生島陸伸牧師・綾子夫妻

吉﨑忠雄牧師・ナオミ夫妻

M.スタット宣教師夫妻

T.ディル宣教師

T.フォレスター宣教師夫妻

佐々木三雄長老・なほ夫妻

初の女性長老 鷲頭ひで

共同牧会の時代。左から小寺職員、松本牧師、石塚牧師、丹羽牧師、町田主事

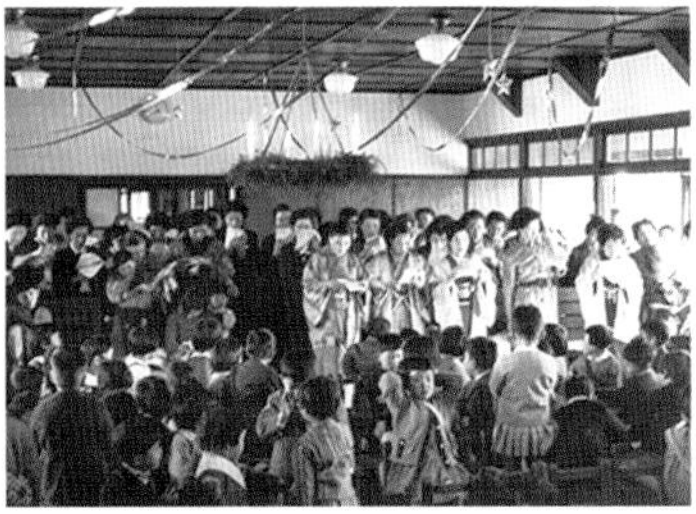
クレメンスホールでのクリスマス

初代礼拝堂 クレメンスホール

1964年に献堂された二代目礼拝堂（エルサレム館）

二代目礼拝堂での礼拝

1981年竣工の仮礼拝堂完成予想図

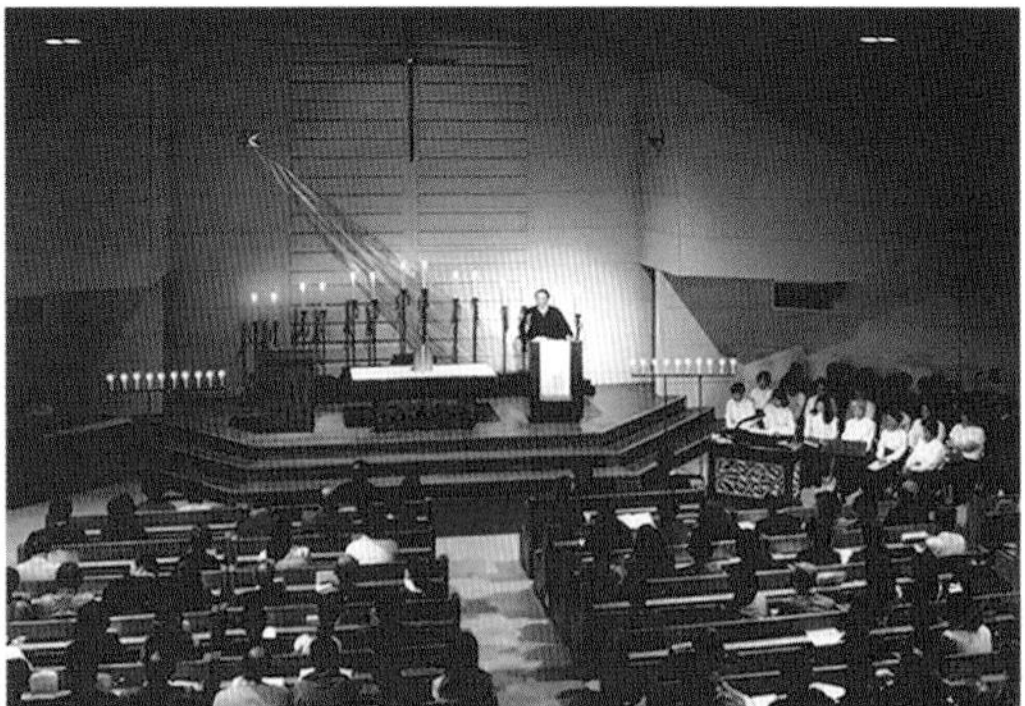
仮礼拝堂でのクリスマス

1983年イースター

高座みどり幼稚園二代目園舎。八角形のホールと正面外観

マッタ・デ・サン・ジョアン伝道所の礼拝堂（ブラジル、ジョタカ）

松本雅弘牧師・徳子夫妻

和田一郎副牧師

宮城献伝道師

プレイズチャペル

いこいのへや

キッズチャーチ

ヨベルホール、礼拝後の昼食風景

ジュニアチャーチ

若枝会

スカウト活動 50 周年

パイプオルガンコンサート

イエスを見つめながら――『高座教会七〇年史』刊行にあたって

高座教会は、一九四七年一月一九日に最初の礼拝を行ないました。七〇年が経過し、その間、多くの神の民が起こされ、いまも祝福された群れとして歩むことができている幸いを感謝します。この機会に高座教会の七〇年史を発行することになり、編集委員会が立ち上げられ、三年にわたって毎月、史料を確認しながら教会の歴史をふり返ってきました。七〇年のあいだには、いくつもの困難な時期、危機と呼んでよい事件もありました。しかし、そのつど神の支えと導きのなかで、今日、ここまで守られたことを覚えます。

私は高座教会の歴史をふり返るとき、心に思い浮かぶ御言葉があります。「ヘブライ人への手紙」です。そこには、「自分に定められている競走」という表現を使いながら、私たち一人ひとり、また一つひとつの教会に、神によって定められ、備えられた競走、歩むべき歩みがあると教えています。そして一一章一節に、「信仰とは、望んでいる事柄を確信し、見えない事実を確認することです」と記されています。エノク、ノア、アブラハム、イサク、ヤコブ、ヨセフ、モーセと何千年も続いてきた信仰者の歩み、神の民の歴史を刻む教会史の一ページ一ページは、この信仰によって刻まれてきたのです。

高座教会にも多くの信仰の勇者がおられました。しかし、そうした方たちはそれぞれに神が託した「定められた競走」を走り終え、天に召されています。ですから、いま、この時代に高座教会で福音のバトンを持って走るように定められているのは、私たちなのです。これは重い責任であるとともに、とても尊く、光栄な務めであると思います。ヘブライ人への手紙一二章二節には「信仰の創始者また完成者であるイエスを見つめながら」とあります。主イエスは「あなたがたには世で苦難がある。しかし、勇気を出しなさい。わたしは既に世に勝っている」(ヨハネ一六・三三)と言われました。神はこの世の創造者であり完成者でもあります。しかし、この世を覆う災害や戦争、あるいは身近な教会の苦難の歴史を見ても、神が与えてくださるのは人間の参与を求めるプロジェクト(計画)であると考えるべきではないでしょうか。計画の完成は私たちが手をこまねいていても実現するのではなく、私たちには計画の完成を確信する信仰に支えられて担うべき競走や戦いがあります。そのような戦いこそ、信仰の創始者また完成者であるイエスを見つめて歩むべき私たちの歩みなのです。それは、私たちに責任がある歩みであると同時に、最終的に主イエスが責任を取り、主イエスが完成してくださる歩みであると信じます。

"Human confusion, Devine providence"(人間の混乱、神の摂理)と語った人がいます。御心《みこころ》を求めつつの歩みであっても、そこには罪の影響、さらに能力の限界や弱さの問題がつきものです。したがって精一杯の行為であったとしても、そこには何かしらの混乱が残ります。高座しかしこの言葉は、そこにも必ず摂理の神の支配がある、という意味であると思います。

教会の歴史も、そのような摂理、ご計画のなかにあるのです。私たちは信仰の創始者また完成者であるイエスを見つめつつ、自分たちに定められている競走を共に辛抱強く走っていきたいと願います。

カンバーランド長老キリスト教会 高座教会 担任牧師　松本 雅弘

目次

こういうわけで、わたしたちもまた、このようにおびただしい証人の群れに囲まれている以上、すべての重荷や絡みつく罪をかなぐり捨てて、自分に定められている競走を忍耐強く走り抜こうではありませんか、信仰の創始者また完成者であるイエスを見つめながら。

ヘブライ人への手紙一二章一―二節

1 林間の地に育まれた壮大な構想

一冊の英文聖書という種

一九四五年八月、広島と長崎に原爆が投下され、日本はポツダム宣言を受諾、天皇が終戦の詔勅を放送した。連合国軍最高司令部（ＧＨＱ）のマッカーサー元帥が厚木飛行場に降り立ち、九月以降、直ちに東条英機ら戦犯容疑者の逮捕が始まり、治安維持法の廃止、財閥解体、農地改革などの指令が発せられるとともに、ＧＨＱは国家と神道の分離指令を発し、宗教団体法を廃止して宗教法人令が公布・施行された。さらに翌一九四六年には天皇が自ら神格否定の詔書を発し、年末になると「日本国憲法」が公布されて、ここに信教の自由が確立された。

『ただキリストの導きの中で――カンバーランド長老キリスト教会高座教会三十周年記念誌』（以下『三〇年史』）は、教会の誕生についての概要を次のように記録している。

アジア・太平洋戦争によって国土は荒廃、食糧難にあえぎ、虚脱状態の一九四六年夏、厚木基地の従軍牧師（チャプレン）であったチュード・H・ストレート師から神奈川県高座郡大和町中央林間在住の鷲沢與四二《よしじ》に一冊の小さな英文聖書が贈られた。占領軍総司令官マッカーサーが初めて日本の国土を踏んだのが、厚木飛行場のあるこの土地であった（厚木と名づけられているが敷地は現在の大和市と綾瀬市にまたがる）。そのころの林間は文字通りの松林で、農家の馬車や牛車が往来し、疎開者が空腹を抱えて雑木林や草原を開墾して芋づくりに励んでいた。アメリカ人はジャガイモが好きだから強奪されないように隠匿する必要がある、などとまことしやかな噂が流れた時代であった。

ジャガイモは徴発されなかったが、ある日、南林間一条通りの大和学園の前に一台のジープがあらわれ、学園の音楽教師だった鈴木次男が連れ去られた。実は、厚木基地では、日本占領後第一回のクリスマスに合唱の放送を本国に送りたいと考え、カトリックとプロテスタント合同の聖歌隊を結成して練習を重ねていた。ところが本番直前になって、指揮をするはずだったイエズス会のフランス人神父ポーロ・アヌイ師が病気になり、アヌイ師のもとで戦争中もグレゴリオ聖歌の研究をしていた鈴木次男が大和町にいるはずだから探して指揮をさせるようにと神父に指名されて、ストレート師が依頼に来たのであった。鈴木はこの時にクリスマスソングの指揮をした縁で、厚木基地で毎日曜日に行なわれる礼拝の奏楽も受けもつことになった。

ストレート師は「リンカーン」と彼の耳に響いた「林間」に興味を惹かれ、この土地に福音を伝えたいと願うようになり、その話を聞いた鈴木は彼を同伴して親戚の鷲沢に紹介した。このときストレート師から贈られた一冊の英文聖書によって鷲沢がキリスト教に関心を深め、中央林間在住の小説家や画家たちに呼びかけて教会の設立運動を始めた、というのである。

すでに七〇年を経過したいま、詳細はわからない。鈴木次男の長男で教会員の鈴木健次は当時小学生だったが、父が突然ジープで連れ去られた日のことは鮮明に覚えている。音楽家の父が戦犯で捕らえられることなどないと考えたが、帰りが遅いので心配していると、進駐軍の真っ白なパンやコンビーフ缶のぎっしり詰まったボール箱を抱えて帰って来た。その時のうれしさが忘れられないが、聖書を贈られたという話は聞いたことがなかった。父がクリスマスの準備がきっかけで基地に行ったとすれば、おそらく終戦の年のことで、鷲沢とストレート師との交流が始まったのが翌一九四六年なのではないかと推察している。

もう一人当時を知る数少ない教会員で鷲沢與四二の孫にあたる安原明子によれば、長野県上田出身の鷲沢は若いころ英語を勉強すべく軽井沢の外国人宣教師のもとに通い、すでに青年時代に英文聖書を読んでいたという。戦後、英語に堪能であった鷲沢と基地の外国人との交流は早くから始まっていて、チャプレンがたびたびアメリカ製の大きな石鹸と山のような洗濯物を抱えて鷲沢宅にあらわれ、洗濯を頼んだのを安原は覚えている。しかし『カンバーランド長老教会高座基督教会二十年の歩み』（以下『二〇年史』）には、ストレート師が鷲沢宅を訪れたのは一度か二度だと書かれているので、洗濯を頼んだチャプレンはストレート師ではなく、のちに教会堂建設に尽力してくれたクリーティス・カールトン・クレメンス師ではないかと考えられる。

いずれにしても、鷲沢とストレート師の出会いが教会設立につながったことは間違いない。高座教会に残された最も古い記録として、一九四六年一一月にストレート師と鷲沢がそれぞれ東京急行電鉄株式会社（当時小田急電鉄はまだ東急に統合されたままであった）に提出した協力依頼状の写しが残っている。

東京急行電鉄株式会社社長殿

中央林間　鷲沢與四二

謹啓

貴社益々《ますます》御隆昌之段大慶に存じ候。陳《のぶれば》者拙者等永年林間都市に居住し同地発展には聊《いささ》か微力を尽し今日に立至り候。就ては尚一層の発展を期する為、連合軍の援助により林間都市に高座教会なるコンミュニティーチャーチを建設すると共に、同地を文化運動の中心として種々なる企画の下に大いに立案中に有之《これあり》候。元より微力なるものに有之、貴社の協力を得て初めて成功するものに御座候。依って親しく御面会の上、詳細御報告旁々《かたがた》貴意を得度《えたく》候条、何日何処に御伺ひ申上可《べ》きや甚《はなは》だ御多用中恐縮に有之候得共《そうらえども》至急小生迄御通知賜り度、此一段御依頼申上候。先《ま》ず は右要件のみ申述《もうしのべ》候。

敬具

なぜ教会建設のために電鉄会社に協力を依頼したのか。もう一通のストレート師の依頼状（鷲沢の書状同様の候文に翻訳されている）には、「キリスト教会堂並びに附属牧師館等の建設については、施設土地に関し貴社に於て御考慮を煩わし度く御願申し上げ候」と具体的に書かれていることから明らかである。鷲沢が林間の土地を「文化運動の中心」とすると述べている点についても、ストレート師は「計画を近き将来に於て拡張して、附属病院、会館、図書館、体育館、幼稚園などを建設いたす可く計画に有之候」と明記しており、「若《も》し此際右敷地を御斡旋願ひ得れば、爾余《じよ》の材料等入手は進駐軍に於て充分援助致す筈に有之候。小生はこの問題については過去九ヶ月間にわたり奔走致し居《お》り候」と続けている。

必ずしも大言壮語ではなかった。依頼状に添付されたかどうかは明確でないが、牧師室や役員室、予備室、バルコニーを備えた収容人員一五〇人の礼拝堂を中心に、座席数五〇〇のイベント用ホール、幼稚園舎、図書館、診療所、食堂、牧師館、バスケットボールコートや卓球場のある体育館、牛・山羊・豚・兎などを飼育する牧舎まで、それぞれ八三坪、二五〇坪、一三〇坪、六四坪などと明記した建設計画書が作成されており、それらの配置図まで残っている。これを見ると、周辺の書き込みから鷲沢の念頭にあったのが、現在の聖セシリア女子短期大学のキャンパスであったことがわかる。昭和初期、小田急電鉄が現在の林間にスポーツ都市の開発をめざした際の野球場だった土地である。

高座教会の誕生について調べると、昭和史との深いかかわりに行き当たる。小田急電鉄（当時は小田原急行電鉄）の創業者、利光鶴松は鉄道建設と並行して沿線の都市開発にも力を入れ、江ノ島線開通に備えて、現在の南林間・中央林間・東林間周辺の土地六五万坪（約二一五ヘクタール）を住宅地として造成、一九二九年の同線開通とともに「南林間都市」「中央林間都市」「東林間都市」三駅を開業した。松林や雑木林を伐採して駅前から放射状に広がる道路と碁盤目状に東西南北に交差する道路ができ、平城京や平安京を想わせるように整然と区画された「林間都市」には、五〇〇〇戸の住宅が建つ計画であった。周辺に公園や集会場を配し、ゴルフ場、野球場、相撲場、ラグビー場などの運動施設を設け、「スポーツ都市」としての魅力をアピールした。

このスポーツ都市というアイデアには、利光鶴松から開発事業に協力を請われた鷲沢與四二の発想があったと考えられる。鷲沢は郷里の上田中学時代から速球と鋭利な頭脳を生かした投手として知られた。慶應義塾大学に入学すると創設まもない野球部に入ってマネージャーとなり、英書で野球の理論を学び、不明な点は本場で野球を体験したアメリカ人に教えを請いながら、揺籃期《ようらんき》の野球界の向上に努めた。ハワイやアメリカ本土の大学チームを日本に迎えたり、自らナインを率いて海外に遠征するなど、当時としては破天荒な企画を次々に実現し、のちには雑誌『ベースボール』を創刊して、社長を務めている。クラブハウスや三〇〇〇人が観戦できるスタンドを付設した林間都市の野球場は、彼の尽力で慶應義塾大学をはじめ、東京の諸大学の野球部が利用し、早慶ＯＢ戦も行なわれた。

鷲沢は慶應義塾大学法律学科を卒業後、福沢諭吉が創刊した『時事新報』に入社、特派員として北京に二〇年以上在住して中国通ジャーナリストとして知られた。この間、英文紙『ノース・チャイナ・スタンダード』を創刊したり、在留邦人向けの日本語雑誌『燕塵《えんじん》』の社長も務めた。帰国後は国策新報社社長としてジャーナリストの仕事を続ける一方、養蚕業の不振に苦しむ農村の救済策としてアンゴラ兎の飼育を提唱し、自ら兎毛業に進出して東京アンゴラ兎毛株式会社、東京繊維工業株式会社などの経営者としても活躍した。

安原明子によると、鷲沢はさまざまな分野で次々に斬新な構想力を発揮したが、それを実現するための細々した仕事は必ずしも得手ではなかったという。スポーツ都市という彼の壮大な発想を現実化するための実務に従事したのは、のちに高座教会の発展に大きな役割を果たすことになる田中清隆である。彼は画家で、当時『ベースボール』誌の仕事を手伝っていた。田中は自ら中央林間に居を移した鷲沢の命を受け、鷲沢宅に隣接する区画に転居して、友人・知人を林間都市に勧誘した。初期の中央林間の住民に爾見《しかみ》信郎、根岸文雄など画家が多かったのはこのためである。

一九二八年、雑誌『改造』に「放浪時代」を発表して一躍流行作家となり、新興芸術派の旗頭と目されながら、文壇のセクト主義に背を向けた龍膽寺雄《りゅうたんじゆう》は、一九三五年に中央林間の住人となった。教会員の野口百合子の父親である。彼の作家仲間で童謡「てるてる坊主」の作詞者としても知られる浅原六朗も龍膽寺に続いた。浅原は牧師の息子で、日本大学教授として、同僚だった伊藤整の小説『得能五郎の生活と意見』に実名で登場する。

一九八五年に発行された『大和市史研究』一三号に、開発当初、中央林間に移り住んだ人々との回顧談が掲載されている。この座談会で田中は自分が球場を設計し、小田急の資金でグラウンドキーパーなどを雇って球場経営に当たったと語っている。野球場ばかりでなくラグビー場も早慶二大学をはじめ明治大学や専修大学がよく練習に使ったし、相撲場には大ノ里、武蔵山、天竜といった大関、関脇級の力士が来たので、遠方からも見物人が集まったという。力士養成所が併設されて、当時十両だった綾昇が指導に当たった。しかし一九三二年に力士の待遇改善問題から相撲協会に内紛が起こり、力士の過半数が相撲協会を脱退する事態になって養成所は自然消滅してしまった。

南林間都市・中央林間都市・東林間都市は、東京郊外の田園調布や成城学園、阪神間の芦屋などの田園都市開発ブームが刺激になって始まった開発事業であったが、新宿と林間を結ぶ電車は当初一時間に一本、所要時間も一時間を超えて、都心からあまりに遠かった。おまけにニューヨーク株式市場の大暴落に端を発した世界的な恐慌の余波を、まともにかぶることになる。前金なしの月賦販売や三年間の無賃乗車証の発行などの特典付き販売戦略も、期待した成果につながらなかった。中央林間の世帯数は一九三五年になっても五〇戸で、人口二三〇、五年後も戸数はわずか五戸増えただけで、人口は逆にわずかに減少している。状況があまりにも林間都市の名とかけ離れていたため、一九四一年、日米開戦の直前に駅名から「都市」が消え、現在の「南林間」「中央林間」「東林間」に変更されてしまった。

開戦とともに「ベースボール」「ストライク」「ボール」などの英語使用がまず禁止になり、やがて野球そのものも敵性スポーツだとする軍の意向に押されて球場は閉鎖された。グラウンドは戦時中、軍事演習やグライダーの練習場として使われていた。鷺沢が戦後になってこの土地を念頭に東急電鉄社長に教会建設への協力を願い出たのは、こうした歴史的経緯があってのことであろう。しかしグラウンドは小田急の利光社長の娘、伊東静江が経営する大和学園に引き継がれており、同学園は現在の聖セシリア女子短期大学の前身、大和農芸家政短期大学を新設するとき、この土地を農場として認可を申請している。結局、鷲沢の構想はかつての野球場では実現しなかった。

鷲沢與四二とその仲間たち

話は遡るが、鷲沢與四二は一九三二年に長野県から衆議院議員に立候補して当選し、その翌年に松岡洋右外相に随行して国際連盟のジュネーブ会議に出席している。このとき満州国からの撤退勧告を可決した連盟を脱退したことが、その後の日本の軍国主義化を促進し、太平洋戦争にまでつながったと言われる。鷲沢はジャーナリストとして、あるいは政治家として日本の中国支配をどのように見ていたか。当時の新聞などの史料が入手できなかったので明確なことは言えないが、立憲民政党から出馬しており、この政党は建前として「議会中心主義」「人種・貧富の差の解消」「国際正義に基づく協調主義」「国民の自由の擁護」などの政策を掲げていた。また当時、二大政党として立憲民政党が議席を争っていたライバル、立憲民友党の支持基盤が主として地主などの富裕層であったのに対し、立憲民政党は都市の中間層が主な支持基盤であった。こうした点を勘案すると、鷲沢が積極的に中国への侵略に加担したとは考えにくいが、『支那開発の根本方策』といった著書もあり、日本の植民地支配に少なくとも結果的に協力したと言えよう。

一般市民も戦時体制に順応しなければ生きにくい時勢になった。一九三七年に陸軍士官学校が東京から座間に移転してくると、これを契機に陸軍兵器廠、陸軍第三病院、陸軍電信隊などの軍事施設が、当時の神奈川県高座郡北部につぎつぎに開設された。田園都市としての発展を期していた高座郡大和村（一九四三年に町制、五九年市制施行）にも厚木航空基地が建設され、海軍から航空機生産工場のための用地提供が求められた。戦争の激化と敗戦によってこれらがみな初期の目的を達成したわけではないが、近隣への軍事施設と軍事産業の出現によって、たとえば南林間に多数の将校用官舎が建設されるなど、皮肉なことにかつての田園都市の計画地に急速な人口増が起こった。そして同時に戦争は、林間に移住してきた人々の生活を大きく変えることになった。文壇を批判して中央林間に孤立していた龍膽寺雄は、荒涼たる砂漠でも乾燥と猛暑に堪えて生き延びるサボテンに異常な興味を惹かれて蒐集を始め、サボテンを見つめながら直木賞候補になった歴史小説『鳳輦京《ほうれんみやこ》に還る』などを書き続けていたが、『大和市史研究』一四号に執筆した「林間の歴史と今昔」によると、戦時中は国民義勇軍部隊長と家庭防空軍隊長に任命されて航空隊司令官の指揮下に入り、防空訓練などの指導に当たったりしたという。

一九四五年の敗戦は鷲沢與四二や龍膽寺雄ばかりでなく、多くの日本人に、それまでの人生の方向転換を迫ったに違いない。高座教会の『三〇年史』は、鷲沢與四二が龍膽寺雄、浅原六朗、田中清隆、爾見信郎、根岸文雄、鈴木次男を自宅に呼び集め、ストレート師から贈られた英文聖書をかざしてこう言ったと伝えている。

君、戦争をした事が大きな間違いであったのは、万人が認めて反省しているところだ。何故にこんな間違いを起したかがこの聖書を読んで初めてわかった。僕達はキリストを知らなかったからだ。僕達に「クリスチャニティ」がなかったからだ。これから日本が立ち上がっていくのには、クリスチャニティを身につけるほかにない。これは大変な本だ。みんな読むべきである。これこそ本物だ。

興奮した鷲沢のこの一言によって、参集者が一様にこのとき聖書の学びを始めようと思い立ったということは、昭和史前半に重くのしかかっていた戦争と敗北の現実を離れては理解しにくい。この日から鷲沢はまるで牧師のように聖書を読んでは語りつづけた。そして彼らのあいだに教会設立の機運が高められていったのである。

戦時下、自由な宣教活動ができなかったキリスト教界は、戦争の終結によって一挙に解放され、この時期に教会の数や信徒の数が急速に伸びた。日本基督教団宣教研究所編『プロテスタント百年史研究』によれば、八月に敗戦を迎えた一九四五年、プロテスタント信徒の総数は前年の一万一五二三人から一万七五〇九人になり、翌四六年には一挙に一九万九四六二人と記録されている。そして四七年には二〇万人を超えているのである。

この年、新憲法下で初の国政選挙が行なわれると、衆議院で二一名、参議院で一〇名のキリスト教信徒が当選した。結成まもない日本社会党が第一党となり、委員長片山哲が首相に選出された。日本初のプロテスタント内閣総理大臣である。閣僚にも水谷長三郎、森戸辰男ら五名が入閣、「クリスチャン内閣」と評されるほどの勢いであった。

高座教会が誕生したのは、まさにこの年であった。ここで鷲沢與四二らが地域住民に教会の設立を呼び掛けた檄文を引用しておきたい。

今度《このたび》私たちは大和町の景勝地をして、有力なキリスト教会の建設計画を立てました。其の理由の一つは新しき日本の建設にはキリスト教的情操とその文化精神が非常に必要であることを痛感したことに外なりません。正しき宗教、精神的基礎なくしていたづらに現在の如く文化を口にし平和建設を叫んでも、これは砂の上に建てられたる家に等しきものであります。かつて日本に其の様な時代があった。再度その愚を繰り返して水準以下に迄堕落する事は、我々の文化に対する自尊心と同胞愛から言っても耐えられる事ではありません。

第二に此の大和町は新日本の出発に於いて深い意味をもった土地と考へます。これは終戦後元帥マッカーサーが日本の地を踏んだ最初の場所であります。幕末浦賀を訪れたペルリはかつて黎明日本の鐘をつき鳴らした人として感謝され、記念されたが、今私たちが静かに過去の事態を顧み現在を眺めた場合、元帥マッカーサーの日本着陸の日は浦賀にペルリ来朝以上に更に重大なる性質をもった日と考へます。此の日以後、日本は其の原始の日より絶えざる闘争に、あるいは戦争に用ひてきたかの凶悪なる武器を完全に捨てたのであります。此の事は将来の人類の文化史から見ましても実に偉大なる歴史の最初の□□（不明）ある事に間違ひありません。してみると、平和日本の歴史の第一の記念すべき頁は此の地より始まると申しても過言ではありません。此の歴史的の土地に霊の記念碑、日本の精神文化のよき基盤たるキリスト教の会堂を建設することは、一種象徴的な意味さえも充分にあることを思考致します。

会堂建設地として約一万坪、礼拝堂、一般集会の為の講堂、附属病院、幼稚園、英語学校、図書館、体育館等、歴史の土地の記念会堂として恥しからぬものであらしめたいと念願します。そして此の会堂は、在来の固定した信者のみの教会となす事なく、日本一般の文化活動の本拠地として公開し、然《しこう》してラヂュームレイの如く霊の放射光線が光波となって全日本にひろがる場所であらしめたいものです。

幸ひ此の挙にたいし、進駐軍のチャプレン、ストレート師は満腔の賛意を表し、あらゆる援助を惜しまれぬ事を誓はれ、現に具体的に会堂建設用材その他に就いて種々奔走されつつあります。……中略……

以上の諸点御理解の上、信者非信者の区別なく何卒高座キリスト教会建設に御参加被下《くださ》らんこと熱望してやみません。

そして最後に鷲沢與四二を筆頭に前記の小説家で中央林間在住の浅原六朗、龍膽寺雄、画家で同じく中央林間在住の田中清隆、根岸文雄、爾見信郎、作曲家で南林間在住の鈴木次男のほか、亡命白系ロシア人で娘を大和学園に通わせていた鶴間在住のクリヤンドスキー、元陸軍士官として南林間の将校住宅に住んでいた木下恵勝、相模カンツリークラブ理事長の島田善介、鷲沢與四二の娘安原ユキ、下鶴間で製材業を営んでいた秋田潔、ほかに根岸欽三（詳細不明）の合計一三名が発起人代表として名を連ねている。昭和二一年一一月の日付があり、冒頭で触れた東急社長への協力依頼と前後して書かれたと推察される。内容的にも東急宛の手紙と重複するところが多いが、これまで述べてきた歴史的背景に重ねて読むとき、発起人たちの熱い心情がひとしお強く伝わってくる。

2 「高座コムミュニティ教会」の始動

最初のクリスマスと吉﨑忠雄牧師の着任

設立趣意書が配られた翌月、一九四六年一二月二五日のクリスマスに、最初の集会が鷲沢宅で開かれた。そこに吉﨑忠雄初代牧師が、トレードマークのダブルの背広姿で颯爽と登場したのである。

発起人たちはすでに牧師を招聘することを決定し、ストレート師を通して日本基督教団に斡旋を依頼していた。秋には教団から都田恒太郎牧師と藤田正武牧師が打ち合わせのために鷲沢宅を訪れている。都田牧師は青山学院神学部出身で母校の教壇に立ったが、戦争中はリベラルの烙印を押されて学院を追放され、戦後復帰、のちに学院の理事長を務めるとともに聖書の口語訳に貢献して日本聖書協会総主事、日本基督教協議会（ＮＣＣ）総書記などを歴任した神学者である。藤田牧師はのちに米国ペンシルベニア州のフィラデルフィア日本人キリスト教会を牧会することになる親米的な人であった。

　都田牧師らから推薦された吉﨑牧師は一九一一年、日本メソジスト教会藤崎教会を牧会していた吉﨑俊雄牧師を父として青森県に生まれた。父吉﨑俊雄は一八七六年、青森県の弘前に生まれ、弘前教会で洗礼を受け、若くして執事や長老を務めた。牧師になる前はのちに国有化される日本鉄道職員で、盛岡駅に勤務していた時代は地元盛岡のメソジスト教会の会員であった。牧師でキリスト教児童文学者としても知られる野辺地天馬の伝記に、一八九九年、盛岡で行なわれた中田重治の伝道集会に出席して心を動かされ、献身を決意したという記述があり、その時一緒に集会に出席したのが吉﨑俊雄であったというから、吉﨑もこのころ牧師になる決心をしたのかもしれない。『日本キリスト教歴史大辞典』によると、牧師として八戸、藤崎、大館、青森、札幌、小樽、室蘭、大泊、名古屋、青山、世田谷などの教会で牧会している。名古屋教会時代は愛知県廃娼運動の理事長を務め、青山教会時代には日本メソジスト教会東京部長となり、日本ホーリネス教会の分裂事件が起こった時には、中田重治と旧知であったため渡辺善太らとともに和解のために尽力したと記されている。

　吉﨑忠雄は父親の転任につれて各地に移り住み、中学卒業とともに上京して青山学院神学部本科に入学した。卒業後さらに米国ニュージャージー州のドルー大学神学部に留学、在学中に出会った牧師の娘、喜田川ナオミと卒業の年に結婚した。そして、さらにカリフォルニア州のパサディナ大学大学院で研究生活を続けたのち、ロサンゼルスのバプテスト日本人教会の臨時牧師となり、一九四〇年、日本基督教団宣教師としてナオミ夫人と共に中国の青島《チンタオ》に渡り、日本人教会牧師となった。

夫人の妹で高座教会員の瀬底恵子によると、吉﨑師はナオミと出会い、一目で惹かれて相手が牧師の娘とは知らず、礼拝の案内役を自任して積極的に接近して結婚に至ったという。青島時代に長男、次男、長女が生まれ一家は五人になった。敗戦の混乱の中で吉﨑牧師は英語力を認められて通訳として残され、ナオミ夫人は三人の子どもを連れて帰国、京都の本町ナザレン教会の両親のもとに身を寄せた。幸い不明だった吉﨑牧師もまもなく京都に引き揚げてきて、すぐに職を求めて上京、とりあえず都田恒太郎師の紹介で和光学園の教師をしながら伝道の場を探していたのである。

赴任してきた吉﨑牧師を迎えたのは、クリスマス祝会に参加した八人の発起人、鷲沢、浅原、根岸、龍膽寺、田中、爾見、鈴木、安原と、彼らの家族や親族、田中千恵子、浅原葉子、根岸康子、鈴木健次、安原明子、橋詰百合子（のちの野口百合子）、池田美智子（田中の姪）などで、プレゼントを楽しみに集まってきた近隣の子どもたちを含めて四〇人ほどであった。会場準備を担当したのは爾見信郎で、天井をモールで飾り、くす玉を垂らすなど教会らしからぬ飾り付けであった。聖書が読まれ祈祷が捧げられたが騒音に消され、讃美歌は「きよしこの夜」しか歌わず、あとは琴と三味線の演奏が続いた。さながらかくし芸大会のような観を呈したが、このとき琴を弾いたのはまだ小学生だった小山幸子（のちの鈴木幸子）だという。吉﨑牧師はこの常識はずれのクリスマス祝会にさぞ驚いたに違いない。

教会名に込められた思い

翌一九四七年を迎え、教会はいよいよ本格的な活動を開始することになる。まずその前に正式名称を決めようということになり、「日本基督教団高座コムミュニティ教会」と名乗ることにした（『二〇年史』には、「高座コムミュニティ・チャーチ」とあるが、「教会規則」に記されている名称に従った）。これは教会誕生の地、中央林間が当時神奈川県高座郡であったためだが、発起人たちは「高座」という地名に強く惹かれていた。高座とは天孫が降臨する「高御《たかみ》座《くら》」であり、キリスト教の神にも高く座していただくのにふさわしい、と考えたのである。敗戦によってこれまでの価値観を否定され、聖書に日本の再建の拠りどころを求めようとした人たちだったが、日本神話の神とキリスト教の神がどこかで重なっていた。それればかりではなく、厚木飛行場のある大和の地に初めて降り立ったマッカーサーが、否定された神話に代わる新しい天孫降臨のように感じられたと思われる。『三〇年史』には高座コムミュニティ教会と命名した趣旨が次のように書かれている。

浦賀には封建体制を打破し新しい日本の建国をもたらしたペリーの来航記念碑がある。大和には太平洋戦争に敗北して混乱している日本の再建に貢献したマッカーサーの記念碑として、教会を建ててもよいではないか。新しい日本の夜明けであり、主権が人民に移った記念塔とすべきで、教会は地域の民衆の心の拠り所でなければならぬ。

聖日礼拝と日曜学校の始まり

高座コムミュニティ教会は、一九四七年一月一九日の主日を期して最初の聖日礼拝をもった。爾見信郎の一二畳のアトリエを借りての出発であった。吉﨑牧師司式のもと、集まったのは署名簿によると、龍膽寺雄・橋詰百合子父子、浅原六朗・葉子父子、爾見信郎、田中清隆、高下幸男、根岸文雄・康子・和子、永井薫、榎本秀子（のちの鷲頭ひで）、北沢ひこ（後述の北沢満雄夫人）、鈴木次男・健次父子、中野幾代子、道家弘子の一七名であった。榎本秀子はこの時すでに受洗しており、のちに高座教会初の女性長老として献身的に奉仕することになるが、当時は中央林間に住んでおり、戦後も地区の部落長（自治会長）を務めていた龍膽寺雄が回してくれた回覧板で第一回礼拝があることを知った。お金を包み義理で来ていた近所の人もいたが、榎本にとっては一〇年ぶりの礼拝出席で、喜びのあまり涙が止まらなかったという。

どのような礼拝であったか、残念なことに教会週報は第三回礼拝の第三号からしか残っていないので正確なことはわからないが、最初の礼拝もほぼ同じように行なわれたと推測されるから、三回目の礼拝の式次第を転写しておく。

前奏（元日本海軍軍楽隊のオルガンを購入）
頌（栄）　五六六番
主の祈り

讃美歌　　二二四番
聖書朗読　ルカ伝七章二―一〇節
祈祷
讃美歌　　一四五番
感話（説教）「三つの評価」
讃美歌　　一一二番
献金
報告
頌（栄）　五六八番
黙祷
後奏
報告

ただし最初の礼拝では、献金はしなかった。初めての参加者を戸惑わせないようにという配慮であったらしい。しかし二回目の礼拝からは、献金は礼拝という儀式の大切な一部だという牧師の指導で献金が行なわれるようになったという。

第一回礼拝は、献金をしなかったことばかりでなく、何もかもが型破りであった。一月の寒い時期なので大火鉢に炭火で暖をとり、その周りに参加者が礼拝前から集まって声高に雑談しながらタバコを吸う。部屋中に煙が立ちこめて、讃美歌を歌おうにもむせてどうにもならないので窓を開いて煙を追い出してから礼拝が始まった。一家言あるメンバーが多く、説教に対する批判まで飛び出す始末で、礼拝は騒々しいかぎりであったと『二〇年史』に記されている。

それでも牧師の努力によって、礼拝はしだいにキリスト教会にふさわしい集まりになっていった。吉﨑牧師がどんな説教をしたのか、残念ながら週報の説教の標題から推測するほかない。ほかに牧師が選んだと思われる聖句が毎号印刷されているから、そこからもある程度は吉﨑牧師の宣教の重点が読み取れるかもしれない。ちなみに第三号に掲げられている聖句は「義と信仰と愛と平和を追い求めよ」（Ⅱテモテ二・二二）、「幸福なるかな、こころの清き者、その人は神を見ん」（マタイ五・八）、「行為なき信仰は死にいたるものなり」（ヤコブ二・二六）の三句である。

教会に集まった人々が吉﨑牧師から受けた最も強い印象は、外国生活で身についた日本人離れした明るい語り口と闊達な身のこなし、それに流暢な英語の歌の指導などで、自分たちの日常とはかけ離れた存在のように映った。

アジア・太平洋戦争末期からの極端に深刻な衣食住の状況は、戦後も続いていた。多くの家庭が庭や林を開墾してサツマイモやジャガイモなどをつくり、食糧の足しにしていた。米軍が進駐してくるまで、道を通る車は馬車と牛車だけで、路上に落としていく馬糞や牛糞は貴重な芋の肥料であった。そのジャガイモの収穫を、進駐軍に徴発されないように隠したほうがいい、などという話が広まっていた。ところがジープに乗ってあらわれた米兵は、子どもたちにチョコレートやチューインガムを撒いてくれた。当時小学生だった教会員のなかには、「ギブミー・チョコレート、ギブミー・チューインガム」が最初に覚えた英語だったという者もいる。

南林間の林の奥に公園の滑り台のようなかたちをした進駐軍の残飯処理台ができ、トラックで運ばれてくる米兵の食べ残しをドラム缶からそこに流すと、男たちが滑り台の両脇から競争で肉やジャガイモなどを拾い出し、近隣の住民に売った。食べられるものをあさった残りをドラム缶に戻して煮詰めると、上層にラードが浮かんでくる。そのラードも、残飯に混ざって出てくるUSAと刻印のあるステンレスの皿やスプーン、フォークなども売り物であった。

林の中に米軍将校用の住宅が建つようになると、冬にはストーブをガンガン焚いて丸首シャツ一枚の夫が華やかなワンピース姿の妻と食事をしている米軍将校の生活が窓から垣間見えた。ぼろをまとい、ひもじさと寒さに震えていた日本人の目には、それが法外の豊かさだと感じられた。当時の教会員にとって、吉﨑牧師の存在には、そうしたアメリカ人の世界と一脈通じるように感じられるところがあった。

当初、牧師は東京から通勤していたが、一九四七年に鷺沢宅の離れが提供され、一家で中央林間に住むことになった。その後、南林間に牧師館が用意され、すでに牧師職を引退していた吉﨑俊雄師が同居することになった。高座教会の男性最高齢会員である高橋信夫によると、吉﨑俊雄師は青年の時期に、高橋の祖父と同じ盛岡メソジスト教会の信徒として親交があり、信夫もかねて面識があった。

医師である高橋信夫は、一九五二年に勤務先の病院に近い横浜に居を移し、横浜上原教会の二ツ橋における開拓伝道に協力、横浜二ツ橋教会の開設会員に加わった。壽美枝夫人との結婚を機に新居を南林間の地に定めたが、当初は転入会しなかった。しかし、老親と同居するにあたり、父の「吉﨑先生の教会が歩いて行けるじゃないか！」との一言で、高橋家の高座教会への転入会が一決したという。

「当時、市外電話をかけるには、交換手の手を煩わす必要があり、つながるまでに長い待ち時間があった。壽美枝は、横浜まで電話する際には、吉﨑牧師館にお邪魔し迷惑をおかけしていたが、いつも温かく接していただいた。このようなお付き合いから、拙宅での家庭集会が始まることに導かれました」と、高橋信夫は吉﨑家との幾重にも重なる縁を語っている。

このほかにも吉﨑一家をめぐっては、忠雄牧師の義弟瀬底正恒が初代日曜学校校長を務めたばかりでなく、彼が偶然小田急線の車中で再会した中国の天津在住のころからの知り合いであった小沢昇が、それがきっかけになって高座教会に転入会し、長老として深い信仰と人格によって大きな影響力を発揮するなど、神の高配ともいうべき幸運が重なり、布教活動の定着に貢献したのである。

そのころ、吉﨑忠雄牧師がナオミ夫人と姿をあらわすと、アメリカ的雰囲気はいっそう際立った。日本人には珍しかった夫婦対等な関係も新鮮で、二人で協力しながら積極的に教会の仕事をこなす夫妻の姿が、人々を惹きつけ、信徒たちの信望を集めた。ＹＭＣＡやＹＷＣＡ仕込みの上手な歌やゲームの指導も、子どもたちを教会に惹きつけるのに貢献した。日曜学校が始まったのは、この年一九四七年である。爾見宅のアトリエだけでは子どもたちを収容しきれず、田中清隆宅も生徒たちに開放された。

「英語会」に集まった青年たち

四月には、石橋の架かった池や梅林などがあった鷲沢宅の庭園で、最初のイースター礼拝と祝会がもたれた。聖日礼拝は毎週続けられ、回を重ねるにしたがって新しい参加者が増えてきた。まだ教会堂もなかったこの時期に礼拝に集まった人々のなかには、青年会誕生のきっかけをつくった北沢満雄、その青年会の中心メンバーでのちに長老を務めることになる島田明、婦人会の大切なメンバーで長いこと執事を務めた中島すが、日曜学校の充実に寄与した原田千代子(のちの淵江淳一牧師夫人)、よく響くバスで聖歌隊を支えた日曜学校校長の瀬底正恒、地元の巡査で誠実な奉仕を続け、長老として貢献した柏田良久など、教会の発展を支えた人々の名前が並んでいる。

ここでは北沢満雄についてもう少し触れておきたい。北沢は牧師の子として一九〇四年に生まれ、父親が単身米国オレゴン州のポートランドに渡ったために、母の実家があった長野県飯田で育った。関西学院神学部を卒業後、静岡市の教会で副牧師をしていたとき、静岡英和女学校附属幼稚園に勤務していた女性と結婚した。のちに教会付属の「みどり幼稚園」の園長になる北沢ひこである。北沢満雄はその後、カナダのノバスコシア州ハリファックスにあった神学校に留学、帰国後は関西学院中学部で聖書と英語を教えた。しかし学院に配属将校がやってくるようになると、どちらも時代に不適格な授業ということになり、軍事教練の手伝いしかできなくなった。教員をあきらめた北沢は、アルミサッシの製造会社に転職して南林間の社宅に越してきた。敗戦になって会社の残務整理にあたっていたときに英語力を買われ、進駐軍とのパイプ役を頼まれるようになった。将校住宅の入退居手続きなどを手伝ったことから、不動産業者として独立することになった。

北沢が高座教会に来るようになったのは、同じメソジストとして以前から吉﨑俊雄牧師や忠雄牧師を知っていたためであった。すぐに爾見宅の仮の礼拝室で青年たちに英語を教えることになり、慶應義塾大学の学生だった島田明・章平兄弟をはじめ、明治学院大学や東京大学の学生などが英語を熱心に勉強した。なかには中学生になったばかりの、みそっかすのような参加者も加わっていたが、北沢は楽しい授業で飽きさせることはなかった。北沢の英語教育はまさに時代の要求にぴったりで、カナダ仕込みの日本人離れした発音や魅力的だった英語の歌の指導などと相まって英語会の人気は高かった。

毎年夏になると、浅原葉子、安原明子など女性陣も参加して芦ノ湖畔でキャンプ生活を楽しんだ。こうして親密な結束が生まれた英語会が母体となって、一九四八年に教会最初の青年会、「テモテ会」が誕生した。

第一回洗礼式

初めての洗礼式が行なわれたのは一九四八年二月一日で、受洗者は『二〇年史』によれば、田中清隆、爾見信郎、根岸文雄、根岸康子、鈴木次男、鈴木竹子、中島すが、高橋八重、高橋三代子、内山和子、安原明子、青木富代の一二名であった。熱心に教会の設立を進めてきた田中、爾見、根岸、鈴木らの発起人が、実はこの時まで洗礼を受けたキリスト者ではなかったことに驚かされる。鷲沢與四二と龍膽寺雄は、終生受洗することはなかった。発起人のなかでは、わずかに青山学院出身の安原ユキだけが受洗していた。最初の洗礼式を記念する扇形の色紙が教会に保存されているが、そこには吉﨑牧師夫妻に次いで浅原六朗の署名がある。前記の受洗者リストに名前がないのは、牧師の息子であった浅原は、すでに洗礼を受けていたのであろう。

この日の夜、田中宅のアトリエに場所を移して、初めての聖餐式が行なわれた。用具の準備もないまま皿からスプーンでブドウ液を飲み干すという珍しい聖餐式であったが、そのあとの親睦会は大いに盛り上がり、アトリエにあった戸棚のガラスを割るほどの騒ぎだったという。爾見宅の都合でこの時から、聖日礼拝の場所も田中宅に替わった。現在の森英志・美佐緒（田中清隆の娘）宅である。いまではすっかり改築されており、ガラス張りのサンルームだったアトリエはまったく名残もないが、どれほどの広さだったのか、信者や求道者が入ると説教台のスペースがなくなり、吉﨑牧師は隣の部屋から説教しなければならなかったという。

一九四七年の第二回クリスマスは、東京アンゴラ会社相模工場の一棟を借りて行なわれた。すでに日曜学校の生徒も数十名に達していたうえに、工場員およそ一〇〇名、それに近隣から招いた人々も加わって参加者は数百名を数え、一年前のクリスマスとは比較にならない盛況であった。この日、田中清隆工場長はサンタクロースに扮して子どもたちにプレゼントを配った。日が暮れてからクリスマスのキャロリングが始まり、中央林間と南林間の教会員の家を巡回した。訪れた多くの家庭で歓迎され、のちに教会員の家が増えるとコーラス隊を地区別に分けて対応するようになり、クリスマスの恒例行事となって住宅の過密化で継続困難になるまで続けられた。寒い季節に住宅地を賛美しながら回り、『皇道は遥かなり』でベストセラー作家になった日系二世の田崎花馬宅の、当時は珍しかった暖炉付きの洋間でクッキーや紅茶のもてなしを受けたことなど、コーラス隊員には忘れがたい思い出になっている。

草創期の特筆すべき行事として、一九四七年の秋、鷲沢が移築した自宅の向かい側の別宅大広間に賀川豊彦師を招いて行なわれた特別伝道集会がある。広い部屋だったが、会衆は廊下や屋外にまで溢れた。賀川師は天体の不思議から核分裂まで自在に説明しながら、それら自然界のすべての現象は創造主である神の力によると説いた。肺を病んでいた賀川師が黒板と白墨を使うことを避け、講演中に墨を使って書いた文字の記された大きな紙が、いまも教会に保存されている。翌年の八月にも二回目の集会が、今度は大和学園の講堂で開催され、ふたたび多くの人に感銘を与えた。

教会堂建設用地の購入

それにしても、こうした集会の場として教会堂がないことは、しだいに大きな問題になってきた。前述のように設立発起人たちは教会を中心に広大な土地で展開する総合的地域活動を夢見ていたが、実際に聖日礼拝がもたれるようになったのは、爾見信郎と田中清隆のアトリエを借用した仮礼拝室であった。「なんとかして一五坪（約四五平方メートル）でもいいから地域の人たちと自由に利用できる会堂が欲しい」という現実的な願いが高まり、仮礼拝室に集まる人々は、そのために祈り続けた。

吉﨑牧師を継いで高座教会第二代牧師になった生島陸伸師によると、ある皇族が、たまたま中央林間のはずれにあったアンゴラ会社の工場を見学に来た折に、マッカーサーが降り立った飛行場のあるこの町に記念の教会が誕生したが、教会堂を建てる土地がなくて困っているという話が出て、皇族のお付きが南林間に土地をもっている人を知っていると紹介されたのが現在の教会の土地であったという。これには、当時不動産業に携わっていた北沢満雄が、設立発起人の一人だった隣家の木下恵勝から、松竹株式会社社長だった大谷竹次郎が所有していた土地二〇〇〇坪を売却してもいいという耳寄りな話を持ち込まれて、直ちに交渉に入ったという異説もある。いまとなっては事実関係を確認できないが、あるいは皇族の工場見学の際に出た話を知って、北沢らが交渉を進めたのかもしれない。

この土地は、当時は一面の雑木林だったが、南林間駅からわずか徒歩三分ほどの教会堂建設に恰好の場所にあった。発起人を代表して田中清隆も相談に加わって、直ちに購入交渉に入った。契約が結ばれたのは一九四七年六月一〇日、代金は二〇万六五〇〇円であった。同月二七日には登記を済ませている。買手（甲）は教会がまだ宗教法人の認可を得ていなかったため契約を結ぶことができず、会計責任者として田中清隆が契約書にサインし、売手側（乙）は日建工業日清株式会社の副社長が署名した。

ところで、土地代金はいったい誰が払ったのであろうか。契約書には甲が乙に手付金として四万円支払い、乙は残金のうち四万円を甲の教会に現金をもって寄付するものとする、と明記されている。残額は一二万六五〇〇円という巨額である。生島陸伸牧師によれば、教会には金がないので、一時アンゴラ会社で買い取って、二〇〇〇坪のうち西南の一角二〇〇坪ほどを分筆して三棟の住宅を建て、それを売却して教会の土地にした、と田中清隆から聞いたという。みどり幼稚園の南側、現在は建て直されて商店になっている建物と、三階建の住宅がある場所である。この建て売り住宅売却に関する記録は、教会にはない。住宅の建て売りは、おそらく田中清隆の才覚だったのであろう。登記簿には、この土地が一九五〇年五月一九日に田中から教会に贈与されたと記されている。最終的に田中清隆か、アンゴラ会社の社長であった鷲沢與四二が不足分を払ったのかもしれない。安原明子によれば、彼女の母安原ユキは、用地購入の経過が教会で正確に伝えられていないことを残念がっていたという。あまり悲しそうなので関連する記事は母親に見せないようにした、と語っている。

それにしても、二〇〇〇坪の土地の代金を、三軒の建て売り住宅によって完済できたとは信じ難い話である。生島牧師は、「当時の南林間は三〇分か一時間に一本の電車が通っているだけの不便な土地ですし、しかも住宅難の時代で土地の値段にくらべて住宅は高く売れたかもしれない。私の義兄（瀬底正恒）も五〇坪ほどの土地でしたが、高級背広三着で買ったと言っていましたから」と証言している。

3 教会堂の建設

チャプレン・クレメンスの援助

次の課題は、教会堂の建設資金である。記録によれば、一九四八年に田中清隆を委員長とする建設委員会が組織され、募金運動が開始された。このとき特別献金として毎月の献金を申し出たのは、以下の人々であった。秋田潔、浅原六朗、飯田智子、内山圭三、榎本秀子、柏田良久、北沢満雄、佐藤操、爾見信郎、柴田あき、柴田志津子、鈴木次男、瀬底正恒、高下幸男、高橋三代子、田崎花馬、田中清隆、中島すが、根岸文雄、林敏夫、原田千代子、比留川福花、水野治一、安原明子、山口誠、吉﨑ナオミ、鷲沢與四二。

教会堂完成までには、さらに多くの人々の協力があった。それでも資金は足りなかった。活路を開いてくれたのは、一九四八年に米軍キャンプ座間に従軍牧師として赴任してきたクレメンス師であった。チャプレン・クレメンスとの出会いを、吉﨑牧師は『三〇年史』で、次のように語っている。

みんなで英語を勉強し、英語の聖書も読めるようになったので、英語の礼拝をしたいと思って、僕は座間の米軍基地を訪れたんだよ。誰を知っているわけでもなく、ただ心臓を強くしてね。そして、基地に配属されていたチャプレンのボスに会ったんだ。そしたら彼は、自分は忙しくてだめだが、いい人を紹介しようと言って、引き逢わせてくれたのがクレメンスというチャプレンだった。

チャプレン・クレメンスは英語礼拝を引き受け、たびたび高座教会を訪れるようになったばかりでなく、基地の同僚たちにも呼びかけて多額の献金が捧げられた。

彼はカンバーランド長老教会という米国テネシー州メンフィスに拠点のある教派に属していて、伝道局に何度も高座教会について報告している。その最初の一通が、カンバーランド長老教会の一九五〇年総会（General Assembly＝GA）の際に発行された『ザ・ミッショナリー・メッセンジャー』誌に紹介されている。

この群れは、その地域にキリストへの愛をもたらそうとして苦闘していることがわかり、同情を禁じ得ませんでしたが、それ以上にこの人たちの信仰の姿は、私を立ち止まらせ、私自身の信仰のたまものを分け与えざるを得なくしたのです。

当時、日米間の経済力には大きな格差があった。チャプレン・クレメンスのアメリカ人らしいバイタリティと善意がもたらした物心両面にわたる援助は、教会員の教会堂建設意欲を大いに高め、一九四八年五月二日には、建設予定地で資金獲得をめざしてバザーが開かれた。まだ松や雑木と下草に覆われていた土地の一部を整地した会場には、教会員が持ち寄った古着、女性たちによるホームメイドの菓子や手芸品、アンゴラ会社が製造していた衣料などが運び込まれ、おしるこなどの屋台まで出た。帳簿によると売り上げは、衣料品が八四六七円五〇銭、手芸品一八五〇円、菓子類一二〇三円五〇銭、おしるこその他の出店八五五円で、諸経費およそ一〇〇〇円を差し引いても一万一三八五円の利益があった。

ほかにも、北沢満雄は戦前に出した著書『讃美歌のゆかり』の続編を執筆、松林の中の教会堂を描いた田中清隆の絵を表紙に、テモテ会会員の彫刻家内山和子がカットを描いて、高座教会出版部発行として三〇〇〇部を印刷、定価八五円で売り出して建設資金に寄付するなど、さまざまな努力が払われた。テモテ会のメンバーだった小栗（旧姓北沢）静子によれば、当時はまだ珍しかったボールペンの販売を計画したが、いまと違ってインクがうまく出ず、不良品が多くて売り物にならないといった失敗もあったという。

「みどり幼稚園」の開設

高座教会を礼拝所であるだけではなく、コミュニティーの教育・文化振興・医療などの役割を果たす存在としたいというのは、前述のように創立者たちの悲願であった。コミュニティー教会としての使命は、荘厳な会堂をつくらなくても大人は神とつながり祈ることができるから、いまは幼い子どもたちの育成の場を主に考えた設計が望ましいということで意見が一致していた。教会堂の設計図に四つの六畳ほどの小部屋を設け、それぞれに図書、医薬品などを収める計画は、そうした創立者たちの壮大な計画の名残であった。教会堂の建設が現実味を帯びてきた一九四九年、教会ははやくも児童福祉施設（保育所）の開設を計画し、吉﨑牧師と信徒総代・田中の名前で六月一日、神奈川県知事内山岩太郎に認可申請書を提出した。

計画では七月一日から保育開始の予定であったが、六月二二日付で県の高座地方事務所から大和町役場経由で却下の通知があり、計画について所要事項を記入のうえ、再提出するよう連絡があった。

このとき提出されたと思われる計画書によると、名称は「みどり園」で、施設の種類は「保育所」となっている。建物は完成予定の教会堂を使い、屋外にブランコ、滑り台、シーソー、砂場を設け、室内には机と椅子五〇組、オルガン、黒板、積木、絵本、ボール、そのほか救急用薬品一式を備えるとしている。職員は園長一名、保母および助手四名、嘱託医一名。定員は満三歳から学齢期までの園児三〇名で、初級、中級、上級それぞれ一〇名ずつである。保育時間は午前八時から午後四時まで、日曜と祝日を休日とし、給食は上水道完備後、副食の給食を実施するとあり、春秋二回の遠足と夏季一週間の林間学校の実施を記載している。

初年度の収支予算は、収入が三九万八〇〇〇円（補助金三二万六〇〇〇円、寄付金七万二〇〇〇円）、支出が三九万八〇〇〇円（職員の人件費一一万四〇〇〇円、消耗品、備品などの事業費一五万円、事務費一二万四〇〇〇円ほか）となっている。

この計画が正式に認可されたという記録はない。教会はその後、幼稚園を無認可のまま開設し、六月から園児を集めて保育を開始した。これが「みどり幼稚園」の実質的誕生で、翌年には第一回卒園式が行なわれた。初代園長を務めたのは、北沢ひこである。東洋英和女学校幼稚園師範科を卒業後、故郷の静岡に帰り、静岡英和女学校付属の幼稚園に七年間勤務、北沢満雄と結婚のため退職して南林間に住んでいた。

みどり幼稚園が正式に認可されたのは、二年後の一九五一年である。この間の経緯は「高座教会附属みどり幼稚園設立理由書」に次のように記されている。

大和町は高座郡の中部に位置し、相模鉄道厚木線及小田急電鉄江ノ島線並びに神奈川県中央乗合自動車、国道横浜厚木線など交通機関の交叉する要衝として、近年住宅の建設は目覚ましく、人口の増加は顕著であり、港都の衛星都市としての面目躍如たるものがある。

然るに、この新興都市大和町に於いては、幼児教育の機関全く無く、町当局、町民、次第にその施設設立要望を高めてきた。ここに於いて高座教会は、この要望に答えるためと、教会設立の趣旨（福音伝道を基準とする大和町の教化と町民の生活向上）に則り、昭和二十四年四月、長老会においてみどり幼稚園設立のため理事を選出し、運営を委任することに決定した。
即ちみどり幼稚園設立は
一、小学校教育に連携する幼児教育を確立すること
二、幼児の宗教的情操を涵養《かんよう》すること
三、幼児教育を通じてよりよい家庭を建設すること
を目的とする。
爾來、当地に於いて初めての施設であるため、試験期間として二か年を置いたが、その間園児の資質はとみに向上し、園児の家庭はもちろん、町当局よりその必要不可欠なるを認められるにいたった。

一九五一年四月三〇日、吉﨑牧師から神奈川県に認可申請書が提出され、同年五月三一日付で内山岩太郎知事から認可状が届いた。

このとき制定された園則は、前記の「みどり園」の設置申請時と大差ないが、第一条で園の目的を「学校教育法七七条及び七八条及びキリスト教の精神に従って幼児を保育し、適当な環境を与えて、その心身の発達を助長すること」と明記し、第九条で保育内容を「健康、自然、社会、言語、音楽リズム、絵画製作、宗教教育等」としている。その他、春、秋、冬の三保育期と休業日などを詳細に規定したほか、定員を四〇名に増やし、入退園、休園、修了、褒賞の規定を設けている。この時点での教職員は園長（主任教諭）一名、教諭八名、園医一名、歯科

医一名、事務職員一名、用務員一名で、保育料は月額二五〇円、入園料二〇〇円であった。
園長には引き続き北沢ひこが就任したが、母親が毎朝子どもに弁当をつくって園まで送迎することを要請し、小学校の予備校的教育を排して芸術的情操の涵養とキリスト教信仰に基づく教育に重点を置いたみどり幼稚園の方針には、積極的に開設を進めた田中清隆の理念が強く反映していた。彼は自ら『二〇年史』に「外部に対する園長は田中清隆が就任」と書いており、幼稚園児を日曜学校と有機的につなげ、保護者の教会への誘致をめざしていた。

建築費の重荷

礼拝堂兼幼稚園舎となる教会堂は一九四八年九月五日、現場に縄張りして定礎式が行なわれ、吉﨑牧師が祈りを捧げた。

全能にして永遠限りなき神よ、主はすでに天と地との主にて存しませば、人の手にて作りたる殿の内に住み給はず、また主は霊にてましませば、霊と真とを以てせば、世界は到る処主を礼拝し奉ることを得べし。されども主は我らに礼拝の家を作り、心静かに主に事《つか》え奉ることを許し給えり。しかして今吾らは主の民の心を動かしてこの処に礼拝の家、奉仕の家、祈りの家を建てんとするに至らしめ給いしことを深く感謝し奉る。今すみの首石《おやいし》を置くにあたり、まことに聖書の御言《みことば》の上に建てうるものとなさしめ給え。殊にストレート牧師の祈りの結実せし我が教会、そして民族を超えて示せし愛の業《わざ》を、クレメンス牧師を通して現し、ここにクレメンス館の定礎となる。この建物を用いて主の栄光をいかんなく現すものとなさせ給え。主、常に我ら及び工事の上に臨ませ給え。願わくは工事成りし後はあらゆる民の祈り家《や》となりて、真心より事えまつる業の絶えずここに捧げられんことを切に祈り奉る。愛する父よ、願はくはこの土地を省み、やがてここかしこに讃美のうたと祈りの言《ことば》とを与えさせ給え。諸々の貴きと栄光とを神に帰し、世々窮《きわま》り無《な》からんことを願う。アーメン。

この日、北沢満雄の知人川上豊彦の紹介で、桑島土建株式会社の代表も川上と共に定礎式に出席し、正式に建設契約が成立した。請負金額一一七万円、ほかに整地、電気工事、ガス引き込み、井戸掘り抜きなどの付帯工事、会堂用の椅子六〇脚の購入で、予算は総計一三二万三六九七円五〇銭であった。

『高座コムミュニティ教会月報』九月号には、吉崎牧師の「定礎式に於ける祈り」とともに、会計報告が掲載されている。これによると八月五回の聖日礼拝の献金合計は六九四円（一回平均一三八円）である。前月からの繰越金一七八四円を含む総収入が三五二九円で、うち二〇〇〇円が牧師に手当として支払われている。教会堂建設のための特別献金は累計で九万七〇〇〇円（一〇〇円以下切り捨て）、内訳は会員および部外者からの献金が二万一〇〇〇円、バザーと英語会からの献金が一万二〇〇〇円で、残りの六万四〇〇〇円はすべてチャプレン・クレメンスからの献金である。

彼は座間の任地を離れていても、日本にいるかぎり、必ず送金してきた。それればかりでなく、桑島土建との契約金と教会財政の現実との大きなギャップを前に、教会員の集合を要請し、単刀直入に献金を呼びかけた。吉﨑牧師は『三〇年史』でこう語っている。


一同が集まったところでチャプレンは問いかけた。

「今、あなたたちの教会は何歳ですか？」

一同は顔を見合わせた。彼らの脳裏に、あの最初のクリスマスの光景がよみがえってきた。あれが昭和二一年の暮れだから、そう考えてみれば足かけ三年になる。

「数えで三つということですな」

と誰かが答えた。するとチャプレンはわが意を得たりとばかりに説きはじめた。

「みなさん、子どもなら三歳になるとどうしますか。自分で歩き出しませんか。あなた方の教会も三歳、一人で歩き出すべきです。それには教会堂を早く建てることです」

「今すぐにも建てたいけれど、われわれはすっからかんのその日暮らしだしね……」

その時にハッパをかけられたわけですよ。アメリカ人だからね、「ほらっ、いくら出す」といった調子ですよ。自分は毎月一〇〇ドル献金するって約束しましてね、それから、みんなやる気を出してきたわけです。会堂を建てる本当の盛り上がりは、クレメンスのアメリカ人らしいアッピールが効いたんですね。

定礎式以後、内金の支払いは容赦なく迫り、牧師はじめ会員たちは真剣な祈りを捧げた。保存されている領収書によれば、一〇月一八日に一〇万円、一二月三日に六万円が支払われ、教会三回目のクリスマス当日、一九四八年一二月二五日にさらに四万円の内金を支払って上棟式にこぎつけている。会堂は「クレメンスホール」と呼ぶことになったが、チャプレン・クレメンスの要請により定礎石には“CLEMENS MISSION HALL FOR CHRIST”と刻んだ銅板が埋め込まれた。

クレメンスホールの献堂

献堂式が行なわれたのは、一九四九年七月一七日である。完成した建物は、礼拝所、事務室、トイレなどの木造セメント赤瓦葺き平屋五三坪、木造亜鉛板葺き平屋の井戸館一坪、木造平屋の物置二坪、木造板葺き平屋の炊事場一・五坪、合計五七・五坪であった。

式典には都田恒太郎牧師夫妻をはじめ、藤沢教会の藤田純牧師、平塚教会の棟方功牧師など日本基督教団関係者のほか、高下恭介大和町長など地元の外部の人々およそ一五〇名が出席した。実は、教会は会堂建設のために、これら地元の人々に幅広く協力を求めていたのである。建設予定地に看板を立て、その脇に村の神社の祭りさながら、寄付者の氏名を書いた短冊形の木札をずらりと並べて掲げるといったことまでやった。こうした資金集めには批判もあったが、田中清隆ら建設委員には、そうしたやり方が教会と地元のコミュニティーとのつながりを生み、ひいては伝道にもつながるという信念があった。

4　カンバーランド長老教会への加入

宗教法人認可と直面した試練

経済的にも大きな社会的責任を背負うことになった教会は、クレメンスホールの献堂に先立ち、正式に宗教法人として認可を受けるべきであるということになった。当時神奈川県庁に勤務していた教会員の高下幸男が教会規則を作成し、一九四九年のはじめに届出を完了して内山知事の認可を得た。この時、どのような事情からか明らかではないが、「コムミュニティ教会」という特色ある名称を廃し、「日本基督教団高座教会」と改称している。旧法による宗教法人の届出名義人は、主管＝吉﨑忠雄、信徒総代＝北沢満雄・高下幸男・田中清隆となっている。

このとき制定された「高座教会規則」は、第一条で「本教会ハ普《アマネ》クキリストノ福音ヲ宣伝《ノベツタ》へ人々ヲシテ赦《ユルシ》ノ恩寵ニ与《アズカ》ラシメ教化ノ使命ヲ完《マット》ウスルヲ目的トスル」と宣言している。教会は日本基督教団に所属し、同教団の教師のなかから教会主管者一名を選び教団の承認を受けるものとされ、信徒は信仰を告白して洗礼を受けた陪餐会員と、陪餐会員である父母の希望によって洗礼を受けた未陪餐会員からなるものとされ、教会会議において陪餐会員のなかから信徒代表を選出することが決められた。教会会議は教会在任教師と陪餐会員である信徒で組織し、年一回、必要があればほかに臨時会議を開催し、歳出歳入の予算・決算、規則の変更、主管者その他教師の人事、教会財産の管理などを処理するものと定めている。

第一回教会会議は、一九五〇年五月七日に開催された。席上、前年度の会計決算が報告されているので、参考までに紹介しておく。

収入の部	
月定献金	四万七七四〇円
礼拝献金	二万二四一五円五〇銭
特別献金	一万二四一〇円
繰入金雑収入	一万六一三四円九三銭
合計	九万八七〇〇円四三銭
支出の部	
人件費	五万二一九〇円
事業費	三万七三三六円二〇銭

建築会計へ　　　　一万円
教団への負担金　五七六五円
合計　　　　　　一〇万五二九一円二〇銭
差引不足金　　　六五九〇円七七銭

不可解なことだが、建築会計については正式な記録が残っていない。相当額の未払い分があったはずである。吉﨑牧師は「毎月の支払いが迫ると、残り少ない通帳を見て不安と焦燥にかられ、途方に暮れて、ただ祈るほかに打つ手がなかった」と語っている。一九五〇年を迎えて間もなく、教会は桑島土建から建築費の未払い分四四万円あまりを同社の社会保険料未払い分として肩代わりし、神奈川県民生部保険課へ三月一五日までに払い込むよう通告を受けた。県からもこの件についての債権差し押さえ通知書を受け取り、教会は知事宛てに「債権差押通知書に関する拒否回答書」を提出、かろうじて当面の切り抜けをはかった。宗教法人の登記を終えて間もない教会は、早々に世俗的事件に巻き込まれ、法的・社会的責任を問われるという試練に遭遇したのである。

日本基督教団からの離脱

この間、日本基督教団からは何の援助もなかった。会計責任者であった田中清隆は、教会の窮地を案じるチャプレン・クレメンスから、カンバーランド長老教会に加わらないかとアドバイスを受けたという。そのためには日本基督教団を脱退しなければならないと考えた田中は、当時教団の神奈川教区長であった紅葉坂教会の平賀徳三牧師を訪ねた。以下は『三〇年史』に掲載されている田中の回顧談である。

教団の悪口をいっぱい言ってやったんです。教団は一〇パーセントの分担金をとるばかりで、まだ始まったばかりで牧師の謝儀もきちんと払えない教会を援助もしないいってね。分担金は払うべきだし、それは正しいと思いますが、何もしないんでは教団の意味がないって言ってやったんです。すると平賀さんは、確かにその通りだ。今の教団は何もできないって言うんです。それでわたしは、脱退しますと言って帰ってきたんです。

信徒は独自に話し合いをもち、教団を脱退してカンバーランド長老教会に加わろうと衆議一決した。日本基督教団を去ることは、教団所属の吉﨑牧師に進退の決断を迫ることでもあった。吉﨑牧師はもともとクレメンス師が教派のことにはまったく触れずに、献金を続けてくれることを「見上げたものだ」と感じており、この件について田中とはかなり異なる受け取り方をしていた。「田中長老には長老でお考えがあるでしょうが、僕は僕の考えたことを述べます」と前置きして同じ『三〇年史』で次のように語っている。

クレメンスがカンバーランド長老教会のチャプレンだということは分かっていたが、彼は自派の教団に入れなんて、一言も言ったことはないですよ。ところがある日のことね、この手紙を読めと言うんですよ。見るとそれはカンバーランド長老教会伝道局からの手紙でね、クレメンスがかねがね個人的に興味をもってお手伝いしている日本の教会があるそうだが、その教会が我々と祈りを共にし、必要ならば物質的援助もする。そういう提携をしたいがどう思うか、というんです。クレメンスは、自分で要求したんじゃないんですよ。向こうは、あくまでもこちらの教会が自主的に、その気があるかどうか聞いてきているわけです。僕はその手紙を見て、クレメンスに聞いたんですよ。それはカンバーランド長老教会に加入することかと。すると彼は「いいや、そうじゃない」と強く否定したんです。

クレメンス師の説明によると、日本基督教団にはアメリカに本部をもつ八つの教派の宣教師団が援助を受けもつ「エイト・ミッションズ」があり、カンバーランド長老教会もこれに加わって「ナイン・ミッションズ」になることを希望しているというのであった。吉﨑牧師はそれで安心し、教会員と相談のうえ、教団にカンバーランド長老教会との提携を受け入れたい旨の連絡をして承諾され、伝道局に返事を出した。ところが詳しい理由や事情はわからないがこれが拒否され、日本基督教団にとどまったままカンバーランド長老教会と提携する道は閉ざされてしまった。

吉﨑牧師の決断

信徒は信徒として祈り、いろいろ考えた末に「日本基督教団は何もしてくれないだけでなく、訪ねてもくれないから、この際カンバーランド長老教会に加入することにしますが、先生はどうなさいますか」と吉﨑牧師に迫った。吉﨑牧師は一週間考え、祈る時間を与えてほしいと言った。この『七〇年史』執筆に際して、キリスト教放送局FEBCの前代表で現在もメイン・パーソナリティとして活躍している吉﨑恵子から、父親がクレメンスホールの廊下で、水を口にするだけで一週間断食したことがあるという話を聞いて、あの輝くように明るかった吉﨑牧師が、と驚いた。彼女は母に命じられて父にコップの水を運んだのを覚えているが、それがいつのことだったかは記憶にないという。吉﨑夫妻は、家庭では教会の問題や信徒の個人情報を一切口にしなかった。子どもたちは父が断食して何を祈っていたのかは全く知らなかったという。断食は、あるいはこの時だったのかもしれない。

結局、吉﨑牧師は高座教会に残らない決心をした。「高座がカンバーランドに移るなら、新しい牧師を招くべきだ。私は種まきの役目はしたけれども、なにも私の教会というわけではない。私は日本基督教団の牧師だし、私の父親も教団で牧師をしている」と考え、高座を去る決心をしてクレメンス師に会った。大柄なクレメンス師は狼狽の色を隠さず、流れ出る涙をぬぐおうともせずに、懇懇と留任の説得を続けた。「牧師が代わるとなれば、何人かは確実に高座を去るであろう。教会が分裂しないともかぎらない。何で教会につまずきを与えるのか」と言われて、吉﨑牧師は何も言えなくなってしまった。

こうして、一九五〇年一一月、高座教会はカンバーランド長老教会に加入し、名称を「カムバーランド長老高座基督教会」とした。

カンバーランド長老教会の機関誌『ザ・ミッショナリー・メッセンジャー』は、一九五四年四月号で、海外伝道局が高座教会の加入を受け入れ、建築費未払い分の援助として一四〇〇ドルを支出する決議をしたと報じている。

以上みてきたように、日本基督教団からカンバーランド長老教会への移行は、主として財政的な理由によるものであって、教義的な問題意識は極めて希薄であった。もともと日本基督教団は宗教団体の統制を目的とした宗教団体法に基づく政府の強い要請によって、「皇紀二六〇〇年」（一九四〇年）に国内のプロテスタント三三教派が「合同」を決議し、翌四一年に成立した組織である。当初は共通の「信仰告白」を制定することもできず、実態はそれぞれの教派の信仰を維持したままの連合体的性格が強かった。そのため戦争が終わると、戦時下の合同をよしとしなかった諸教派・諸教会の多くが教団から離脱していった。高座教会の教団離脱もこうした時代に起こっているが、後述のように、女性長老の選出をめぐっての混乱や、宗教法人の規定による教会総会の決定権と長老教会としての小会（長老会）の決定権の二重性などの問題に直面して、カンバーランド長老教会の「信仰告白」の理解を深めようという動きが出るまでには、かなりの時間を要したのである。

カンバーランド長老教会とは

ここでカンバーランド長老教会とはどのような歴史をもつ教派なのか、簡単に紹介しておく。

一八一〇年、西部にむかって急激な発展を続けていたアメリカの、まだフロンティアであったケンタッキーやテネシーで、アメリカ長老教会から分離した人々が設立したのがカンバーランド長老教会である。分離の直接の原因は、ケンタッキー地方で一八世紀から一九世紀初頭にかけて隆盛をきわめた信仰復興運動（リバイバル運動）によって、多くの回心者が教会に押し寄せ、その結果発生した牧師不足である。アメリカ長老教会のカンバーランド中会は牧師不足に対処するため、ケンタッキー大会（GAと中会との中間組織）で資格不十分と判定された数名のいわゆるコテージ・プリースト（正規の神学校を出ていない伝道者）に按手を授けた。これを認めなかったケンタッキー大会は、一八〇六年にカンバーランド中会を解散させてしまう。四年後、資格を認められなかった伝道者がカンバーランド中会の独立をはかり、これが急速な発展を遂げてカンバーランド長老教会という新しい教派が誕生するのである。神学的特徴は、伝道を重視して救済予定説を否定し、高度に中央集権化した教会政治を避けようとした点にある。

二〇世紀になると、アメリカ長老教会は「信仰告白」を改訂し、救済予定説の解釈をより受け入れやすくした。カンバーランド長老教会もこれを受け入れ、両教派の再統合について交渉の結果、一九〇六年に多くの教会がアメリカ長老教会に復帰した。しかし少数派ではあったが最後まで統合に反対した小会は、テネシー州メンフィスを本拠とするカンバーランド長老教会にとどまったのである。

カンバーランド長老教会と日本との関係は明治時代に遡る。維新後の一八七二（明治五）年にはすでに横浜に外国人宣教師による日本最初のプロテスタント教会・日本基督公会（のちの横浜海岸教会）が設立されていたが、一八七三年、新政府がキリスト教禁制の高札を撤去すると、これに力を得たプロテスタントの各教派は日本で活発な伝道活動を繰り広げた。カンバーランド長老教会も一八七七年にJ・B・ヘール宣教師を日本に派遣、翌七八年には兄のA・D・ヘール宣教師も来日した。二人は七九年に大阪府（現大阪市）西区南堀江の借家で伝道を開始し、八四年には規則を整えて、最初の教会、大阪第一長老教会を開設した。以後一八八九年までに和歌山、三重を中心に数多くの教会を設立するとともに、女性宣教師たちの協力を得て、尊厳を無視されていた日本女性の地位改善をめざしてウヰルミナ女学校を創設した。またA・D・ヘール師は大阪府西成郡（現大阪市西淀川区）の外島でハンセン病患者を収容していた保養院（岡山県国立療養所邑久光明園の前身）にあった外島家族教会の開拓伝道にも心血を注ぎ、患者たちからその人柄を慕われた。

日本のカンバーランド長老教会は、当初より長老派教会と協力して布教する道を望んでいたが、アメリカ本国の長老派教会の合同より早く、一八八九年に日本基督一致教会に加入した。最初に設立された大阪第一長老教会は、日本基督一致教会が一八九〇年に日本基督教会と名称を変えたのを機に、日本基督教会大阪西教会（一九九五年から日本キリスト教会大阪西教会）と改称して、現在に至っている。ウヰルミナ女学校も戦時下に大阪女学院と名称を変えて現在も中学から大学院までの女子教育校として存続している。

5 一九五〇年代の高座教会

伝道活動の拡大

高座教会がカンバーランド長老教会に加入した翌年の一九五一年、チャプレン・クレメンスはイギリスに転任となり、ゆかりのクレメンスホールで送別会が開かれた。田中清隆が描いた同ホールの油絵が記念品として贈呈されている。その後一九五二年にアメリカの伝道局から、クリスチャンセンター用地五〇〇坪の購入費、牧師と幼稚園教諭の給料補助、牧師館修繕費、日曜学校へのクリスマス・プレゼントなどのため、一四八〇ドルの送金があった。

一九五三年には、初代宣教師としてトマス・フォレスター師がフラン夫人と当時七歳だった長男ゲイリー、三歳の次男ティム、生後六か月の長女ケイと共に来日した。一家が乗船してきたクリーブランド号が入港した二月二二日、横浜港で多数の教会員が出迎え、教会で歓迎会が開催された。フォレスター家は当初、横浜や東京に仮住まいしていたが、五六年、大工の息子だった宣教師が自ら手掛けた当時としては珍しいツーバイフォー工法による宣教師館が南林間に完成し、一家で教会の近くに転居してきた。

　こうした支援にも恵まれて、一九五〇年代の高座教会は、順調に成長していった。五一年には町内の公所《ぐぞ》で日曜学校の分校が始まり、この年、下鶴間の比留川福蔵宅、鶴間の佐藤操宅、南林間の瀬底正恒宅、中央林間の田中清隆宅と高下幸男宅、横浜市希望が丘の石橋正治宅で家庭集会がもたれるようになった。公所の分校での福音の種まきの結果、のちにこの地に「田園キリスト伝道所」が誕生することになった。希望が丘の家庭集会からは五三年に教会学校の分校（五二年に日曜学校が教会学校と改称された）が始まって、ここものちに伝道所から「希望が丘教会」に発展した。ほかにも五四年に町内の上草柳と諏訪神社に教会学校分校が誕生しており、五五年には秦野市渋沢で家庭集会が始まり、のちの「渋沢伝道所」「渋沢教会」につながった。

　世代別の活動も盛んだった。一九四八年に発足した「テモテ会」（青年会）についで、五一年に「婦人会」ができ、五二年に「小羊会」（中学生の会）、五五年には「一粒会」（高校生の会）が発足、それぞれ熱心に祈祷会や修養会を開いた。

　教会、みどり幼稚園、婦人会などによる地域社会に開かれた活動も活発になった。皮切りは一九五一年三月、婦人会が地元のＰＴＡ婦人会などと共同で教会において開催した教育評論家・羽仁説子の講演「これからの女性」であった。五月には自由学園教論・佐藤瑞彦の講演会「新しい教育と家庭」が続いた。そして六月には、海外伝道に従事した藤田正武牧師の講演会「最近のアメリカ社会および宗教事情について」が開かれている。

以下、その後九年間の主なものを列挙してみる。

五二年　米軍基地教師でカンバーランド長老教会女性会員ヘイグッドによる幻燈会（二月）、高座教会の創立に協力した日本聖書協会総主事・都田恒太郎牧師による特別説教「世界伝道と日本の教会」（六月）

五三年　日本基督教婦人矯風会理事・竹上正子の講演会（二月）、阿佐ヶ谷幼稚園を創設して独創的な保育教材の開発や日本最初の保育雑誌を刊行した高崎能樹の講演会「幼児のしつけ方」（六月）、ＹＭＣＡ同盟少年部主事・池田鮮による「スライドの夕べ」（六月）、銀座教会の三井勇牧師による特別伝道会「なぐさめ」（一〇月）

五四年　前年に続き高崎能樹の講演会「反抗期にある子どもの導き方」（二月）、日本基督教婦人矯風会会頭・沢野くにの講演会（演題不明、五月）、鈴木次男の解説による「レコードコンサート」（六月）、東横プラネタリウム台長・水野良平の講演会「宇宙について」（八月）

五五年　植村環牧師の講演会「これからの母」（三月）、映画伝道会「日本美の再発見」「ヴァージニア物語」（五月）、天然色映画「塵か運命か」（八月）、ラクーア特別伝道感謝連合礼拝と映画伝道（参加者二四〇名と記録されているが上映作品は不明、八―九月）、『キリスト新聞』主筆・武藤富男の講演会「日本をどうするか」（一〇月）

五六年　日本聖書神学校教授・太田俊雄の講演会「宗教教育は何故必要か」(四月)。そして
　　　　この年の一一月四日の聖日には、高座教会創立一〇周年、カンバーランド長老教会
　　　　加入六周年を記念して特別感謝礼拝が行なわれ、独創的聖書論で知られた渡辺善太
　　　　銀座教会名誉牧師を招いて「教会とはどんな所か」という説教を一六八名の参加者
　　　　が聴いた。
五七年　映画伝道会「王の王」と「ローヤル公園」(一月)、アメリカ人伝道者スタンレー・
　　　　ジョーンズの特別伝道集会「神を見出す道」(四月)、映画伝道会「よきサマリア
　　　　人」「四十四の目」「シンフォニー・オブ・ジ・エアー」など(五月)、「教会夏の音
　　　　楽会」千葉昌邦牧師のバイオリン、羽牟《はむ》玲子のピアノ、教会聖歌隊の合唱など(八
　　　　月)、映画伝道会「女のこよみ」(壺井栄原作)ほか(八月)、日本聖書神学校校長・
　　　　金井為一郎牧師による特別集会(一一月)
五八年　元真珠湾攻撃指揮官・淵田美津夫の証しによる特別伝道集会(一一月)
五九年　児童文学者・小出正吾による中学生とみどり幼稚園同窓生のための特別伝道会(一
　　　　〇月)、児童心理学者・平井信義の講演会「子どもの育て方」(一一月)
六〇年　戦前戦後の女性解放運動で活躍した久布白落実《くぶしろおちみ》の講演会「精神衛生」(一〇月)、児
　　　　童文学の翻訳家・村岡花子の講演会「子どもと家族」(一〇月)
こうして並べてみると、実に多彩なプログラムが組まれていたことに驚かされる。おそらく
教会員のさまざまな人脈をたどって企画されたのであろう。高座教会は聖日礼拝の出席者増と、

こうした積極的な文化活動もあって、クレメンスホールが手狭になり、早くも五三年に入口などを増築したが、それでも対応しきれず、五四年に新しい礼拝堂の建設計画が策定され、会堂建設のための特別献金が始まっている。

その一方で、教会への献金を求めるばかりでなく、少額ではあってもキリスト教更生協議会に献金したり、大火に襲われた南大和にクリスマス献金を見舞金として贈るといった力もつけてきた。

吉﨑牧師の退任

話は少し遡るが、一九五五年に多忙な吉﨑牧師の手助けとして生島陸伸神学生の奉仕が始まっている。留守居役ができるのを待っていたように、翌年のカンバーランド長老教会の総会(GA)に吉﨑牧師が派遣されることになった。長女の恵子は、フォレスター宣教師がこの決定を知らせに来た時のことを鮮明に記憶している。宣教師が家族全員を呼び集めて牧師館の前に並ばせ、「今度のカンバーランドのGAには、あなたに行ってもらう」と言うと、吉﨑牧師は「ウォー」と声を出して喜んだという。

敗戦から一〇年、当時はまだ一般の日本人に渡米の機会は皆無に近かった。一九三六年から四〇年まで留学生として、そしてバプテスト教会牧師として過ごしたアメリカは、吉﨑牧師にとって青春の地であった。アジア・太平洋戦争の苦難の時代を経て、そのアメリカを再訪できる喜びは、外国との往来がきわめて日常的になった現在では想像もできないほど大きかったことであろう。
ところがその翌年、吉﨑牧師は突然、高座教会を去り渋沢の開拓伝道に当たることになるのである。『二〇年史』はこの牧師退任について次のように記しているのみである。

(一九五七年)五月二十六日に臨時教会総会を開催し、教会の牧師交代の件について種々討議した結果、記名投票を行なうこととなり、開票の結果、吉﨑忠雄牧師は渋沢の新教会に、生島陸伸伝道師が、高座教会牧師として就任されることとなった。これは過去三ケ月に亘って、牧師、宣教師、長老達の祈りと、協議の結果、神の御意志と信じて教会総会にはかったのである。

高座教会の人事権は当初、先に記したように宗教法人申請時に制定した規約により教会総会にあるとされていたが、カンバーランド長老教会への移行にともない長老制がとられたことによって、本来は長老会(現在の小会)になるはずであった。しかし当時は実態として長老と執事を構成員とする役員会と教会総会が並立しており、その権限は不分明であった(長老会=小会の権限が明確化されたのは一九九三年以降である)。
この時、教会総会に果たして何人出席したのか、その席上で牧師交代の理由が説明されたのか、今回『七〇年史』執筆に際して調査したが、教会には記録が一切残っていない。関係者もすでに召天している。唯一の存命者である生島陸伸第二代牧師によれば、交代の理由については牧師と長老のあいだのみで封印したうえで、交代について教会員にはかることにしたという。したがって当然のことながら、多くの教会員にとってこの牧師交代は意外であり、不可解であった。

あくまで推測にすぎないが、当時、教会に隣接する日本教区（のちの日本中会）の敷地で突然に測量が始まり、この土地の登記処理に不備があったことが明らかになるという事態が発生している。現在は礼拝堂が建っている場所で、幸いなことに関係記録が発見されて土地は保全されたが、吉﨑牧師はこの事件の責任を取って辞任を申し出たのではないかと考えられる。

当時は、現在のような明確な長老制になっておらず、監督派的性格の強いメソジストだった吉﨑牧師の時代は、牧師主導の教会運営であった。会計担当は決まっていたが、整備された責任体制が確立していたわけではない。牧師の家庭で育った吉﨑夫妻は金銭的な実務には疎く、現金を茶筒に入れて生活していたというエピソードが語り継がれている。当時は教会が牧師に地方公務員並みの謝儀を保証していたわけではなく、実は少ない献金を補うべくナオミ夫人が米軍基地に出向き、そこで働いている日本人スタッフに英語を教えるなどして一家六人の生活を支えていたのが現実であった。長女恵子の証言によれば、華やかに見えた吉﨑家の服装も、すべてがアメリカの教会からプレゼントされた古着で、彼女は自分の給料を手にするまで新しい服を一着も着たことがなかったという。

吉﨑牧師はその後、一九五七年九月に渋沢で新しい教会の設立礼拝を行ない、担任牧師に就任した。そして翌五八年に礼拝堂を献堂、五九年には宗教法人格を取得して教会付属幼稚園を開園するなど、六五年まで渋沢教会の基盤づくりに献身した。さらに六六年には町田市の玉川学園に近い住宅を牧師館兼礼拝堂として「成瀬伝道所」の開設にあたり、七〇年に教会堂を竣工して献堂式を挙行、礼拝出席者の増加に連れて五年ごとに二度の増改築を実現している。しかし七九年の秋、生誕の地青森への伝道旅行中に講壇で倒れ、翌年辞任、リハビリ生活を続けた。その後ナオミ夫人も病に倒れ、七年間の闘病生活ののち、九〇年の末に召天、残された吉﨑牧師は最晩年をキリスト者の高齢者のための施設、筑波キングスガーデンで過ごした。吉﨑牧師は青島時代から親交のあった矢内原啓太郎家に、一枚の色紙を残している。矢内原啓太郎は、内村鑑三の信仰継承者であった矢内原忠雄の実弟で、吉﨑牧師はしばしば同家で家庭集会を開いていた。その色紙には——

働かざる信仰なく、
忍耐せざる希望なく、
そして実に
労苦せざる愛はない

と記されている。「テサロニケの信徒への手紙」をふまえたと思われるこの一節に、開拓伝道にすべてを献げた吉﨑牧師の生涯が端的に語られていると言えないであろうか。長年、受洗をすすめられても拒みつづけていた矢内原家の当主から、洗礼を授けてほしいと吉﨑牧師が呼ばれたのは、すでに筑波キングスガーデンに引退後のことであった。おそらく吉﨑牧師最後の洗礼式であったろう。吉﨑忠雄牧師は二〇〇五年にすい臓癌のためにその生涯を終えている。

召天の七七年前に伝道者としての召命を受けた日に、一七歳だった吉崎青年は手帳にこう記した。

僕という一個の人間は罪の子であった。牧師の家庭に生まれたけれど確かな信仰は頂かなかったのだ。その罪の子が、今日伝道者を決心したことは、ふしぎと云ふか、奇跡と云ふか、僕にとっては実にキリストの奇跡の様に思はれる。併し、これは神の大計画の内の一つであっただろう。

僕は……思い出せば泣かざるを得ない。泣いてもたりないのだ。それは、僕の父が病気にかかって天国行は今かと待っているときだった。毎日、母と教会へ祈りに行った。毎朝祈る毎に、僕は神より何かの命令を受けるのだった。それが……あの最后かと思った電報の着たときに、僕は神よりの命令を確かに握った、いや握ったのではない、僕のハートに明らかに神御自身、彫刻したもうたのだ。僕はそれから苦しんだ。苦しみぬいた。

詩篇三四篇にあるやうに苦しみぬいた結果、決心した。

僕は建築家を頭に描いていた。併し、魂の建築家として立つのは、実にうれしいことである。

一九二八年九月五日　　この懐かしい母の地なる藤崎にて　忠雄　記す

遺族の伝えるところによれば、吉崎牧師は死の床でも、「僕は罪深い人間であった」とひたすら神の赦しを願って祈ったという。その胸中に去来した思いは知る由もない。

ふり返ってみれば、吉崎牧師の退任はその理由がどうであれ、この時期を象徴する出来事であった。『キリストにあってひとつ——日本プロテスタント宣教一五〇年の記録』は、「戦後数年間、アメリカニズムとキリスト教とは、しばしば混同された」と記している。日本では、かつて明治初年に起きた欧化主義に似た一種のアメリカニズムが時代を席巻し、その風潮に乗って教勢を拡張した教会が多かった。高座教会の誕生と初期の歩みも、アメリカあるいは占領軍との関係を抜きに語ることはできない。

日本キリスト教界の諸団体・諸教派は、少数の例外的抵抗を別とすれば、米軍を含む連合国軍と戦ったアジア・太平洋戦争中、国家の戦争遂行政策に協力することによって自らを維持してきた。しかし戦後、GHQは政治家、軍人、経済人などには厳しい追放令を適用したが、キリスト教関係者は対象としなかった。キリスト教界は戦時中の戦争協力は封印し、もっぱら弾圧の犠牲者としてアメリカの恩恵を享受した。一九四五年に早くも全米教会代表が来日し、日本各地の教会・学校を視察し、キリスト教奉仕団経由でララ物資（アジア救援公認団体提供の援助物資）が諸教会に贈られた。アメリカの八教派が日本基督教団に協力する連合委員会（IBC）を組織し、日本のキリスト教界再建に力を貸した。

追放がなかったので、キリスト教界の主要な役職についている人物は戦中も戦後もほとんど変わらなかった。日本基督教団の総会議長が「第二次大戦下における日本基督教団の責任についての告白」を公表したのは、一九六六年になってからであった。戦後創立された高座教会は戦争遂行に加担した歴史がなかったこともあって、教会設立者たちは占領軍をあたかも「解放軍」のように受け入れることができた。植民地支配、軍需工場の経営、銃後防衛隊などに関係したが、そうした戦争中の行為への反動がむしろ教会設立のエネルギーとなり、アメリカの力を借りて新生日本をキリスト教精神に基づく文化国家にしようと考えたのではないか。

一九五一年、サンフランシスコ講和条約調印、翌年に発効と歴史が展開すると、キリスト教ブームともいうべき現象はほぼ終焉を迎えた。吉崎牧師の退任はそれから五年後であった。このころ高座教会も転換期に差しかかった観がある。中心的存在であった鷲沢與四二は、すでに吉崎牧師退任の前年に癌で永眠した。浅原六朗や根岸文雄は東京に越していった。龍膽寺雄は地元に残っていたが、ついに受洗することはなかった。壮大な文化運動を夢見た人々の多くが教会を去っていたのである。

鈴木次男は平塚の学校に通勤することになって時間的余裕がなくなった。もともと「自分は金も能力もないから音楽で奉仕するだけ」と言って教会の運営にはかかわらなかったが、奏楽と聖歌隊の指導は続けていた。礼拝や聖歌隊のために作曲した曲は『鈴木次男奏楽集』『合唱曲集・神の子羊』として出版され、現在も折々高座教会でも演奏されている。九〇歳を目前に病床に伏しても、オルガンが弾けなくなるといけないと言って指の伸縮運動をしていたが、ついに礼拝に復帰することはできなかった。

孤軍奮闘していたのは田中清隆であった。教会建設用地の買収、会堂の建設、幼稚園開設など、主要な事業のすべてに中心となって実務的能力を傾注したばかりでなく、画文集や写真集などを刊行してその収益を献金するなど、芸術的才能によっても教会の成長に貢献した。しかしその一方で、教会堂建設のための献金者氏名を村祭りよろしく建設予定地に大きく張り出したりするやり方には、疑問を感じる会員もあった。英語会を主宰して青年たちに強い求心力のあった北沢満雄は、長女静子の証言によれば、建設のために多くの樹木が伐採され、林のなかの教会堂という彼の夢が破れ、しだいに高座教会から足が遠のいていった。

新任生島陸伸牧師の危機感

一九五七年六月九日、生島陸伸伝道師司式による最初の聖日礼拝が行なわれた。説教の内容は記録されていないが、「教会の危機」という説教題は、この時の教会の状況と伝道師自身の心情を物語っているように思われる。

生島伝道師の経歴は、クリスチャンホームで育った吉﨑牧師とは対照的である。一九二九年、現在の別府市に生まれ、中学生の時に伯父の花火工場で働いていた父親から、早く職業につける工業学校に進学するように言われたが、色覚特性だったために入学できなかった。第二志望の師範学校からも色覚特性を理由に入学を断られ、進路がすべて閉ざされている感じだったという。キリスト教との接触は、まったくの偶然であった。友人に誘われて遊びに行った先が、たまたま近所の工事中の家から卓球台を預かっていた教会だったのである。キリスト教は嫌いだったが、一緒にピンポンをしてくれた若い伝道師には親しみを感じた。毎日の空襲で逃げ込んでいた防空壕で知り合い、なにか戦友のように感じていた保養所の女性医師がその伝道師夫人であったことも判明して、キリスト教に対するもやもやした反発は消えた。それでも、聖書の話を聞いても処女降誕がわからず、復活がわからなかった。パウロのような奇跡を見せてほしい、目の不自由な知人の目が見えるようになったら信じる、などと言っていたが、それでも聖書を読んでいるうちに、いつの間にかイエスのことを考え、信じている自分に気づいて二年後に洗礼を受けた。

中学校を卒業して信用金庫に勤めたが、伝道師の仕事にあこがれるようになり、東京に夜学の神学校があると教えられて、柳行李《やなぎごうり》一つで上京し、日本聖書神学校に入学した。校長の紹介で日本基督教団東京教区の事務室の仕事を手伝い、その主事の教会の屋根裏部屋に住まわせてもらった。その後、長靴の製造工場で働いていたが、二年生の時に花火工場で爆発事故が起こり、父が重傷を負った。幸い一命はとりとめたが、自分が一家を支えなければと考えて仕事に重点を置き、一年休学した。その間に学制が変わって四年制が五年制になり、五年制のコースを選んだために、結局卒業時には同期生より二年遅れることになった。

二年も遅れた卒業生を採用してくれる教会はなかった。北海道から毎年神学校に案内が来ていた開拓伝道の招きに応じようと考えたが、卒業の年にかぎってその案内が来ず、失業保険で生活しているときに、高座教会でのアルバイトの口が飛び込んできたのであった。カンバーランド長老教会という名前は聞いたことがなかったが、学校から失業している者はほかにいないから行くようにと言われ、教会学校の夏のキャンプの手伝いに来たのが高座教会での奉仕の始まりであった。生島神学生を教会に呼んだのは、フォレスター宣教師と教会学校の校長だった瀬底正恒であった。この二人をはじめ、牧師も長老たちもやってきた神学生に好感をもった。そして生島神学生は教会学校校長の妹、瀬底綾子に関心をもち、やがて二人は結婚する。吉﨑牧師の退任問題は、それからおよそ一年後に起こったのであった。当時をふり返って生島牧師はこの『七〇年史』のために、次のように語った。

吉﨑牧師ご夫妻は、お二人とも牧師の家庭に育ち、垢抜けていて、留学され、英語で自由に会話ができ、賛美もそろってすばらしいお声でした。とくに奥様はオルガンが上手で、私たちが賛美していると、即興で編曲して伴奏してくださるほどのお方でした。

その吉﨑先生が、私が神学校を卒業したとき、この教会を離れるほうがよいと判断されたようで、長老方も宣教師も吉﨑先生とよく話し合い、退任という結論に至ったとのことで、私に高座教会の働きを継いでほしいと依頼されました。

私は開拓伝道の準備をしていましたので、すぐに「はい」とは言えず、数週間、夫婦で悩み、祈りました。正直言って重荷でした。長老会と宣教師には「私が高座教会の牧会を受けましたら、礼拝出席者は半分になりますがよろしいですか」と念を押しました。長老方も宣教師も、私の念押しに「それでよいから受けてほしい」と言われ、決心しました。すぐに教会総会で、「吉﨑先生が辞表を提出しましたので、長老会、宣教師もそれを受けました。新しい先生は生島先生で、近く伝道師に任命されます」と発表されたのです。

私の牧会のスタートは、苦しい時代でした。あまりに違いの大きい二組の牧師夫妻でした。私たちには賜物は何もない。私は英語もダメ、説教もダメ、牧会もダメ、駆け出しで手探りの牧会でした。私たち夫婦は良いところも悪いところもさらけ出して、家庭全部を捧げようと約束しました。神様の救いは人の良し悪しではない。才能のあるなしではない。全部を差し出せば、神様が必ず働かれる、と信じて牧会のヨチヨチ歩きを始めたのです。

はじめは針の山を歩くようでした。長老さんから「先生、神学校の講義を聞きに集まっているのではないよ。先生がこの御言葉から何を受けとり、命の力にして、どう変わるのかを聞きたいんだよ」と言われました。あるお方からは「一年間、先生の説教を聞きましたが、まったくわからなかった」と言われました。でも、本音を話してくれることはつらかったですが、よかったのです。「話してくださってありがとうございます。いまから勉強していきます」と返すのがやっとでした。信徒の方々がよく我慢してくれたと思います。

家庭を全部開放し、いつでも自由に入れるようになった牧師館に、まず教会学校の中学生や高校生が集まるようになった。そして綾子夫人の用意する茶菓を、まるで自分の家のおやつのように遠慮なく楽しむのであった。子どもが自宅のお茶より牧師館のお茶がおいしいと言うので、どんなお茶を淹れているのか見に来た母親もいた。不思議なことに番茶にすぎなかった。

やがてみどり幼稚園の園児の母親たちも、さまざまな悩みを抱えてやってくるようになった。綾子夫人はそうした人々の話し相手になり、問題によっては夫の牧師にも一緒に祈ってもらう毎日が続いた。病弱だったので、夫と誓った家庭の開放は夫人にとって負担ではあったが、大きな喜びでもあった。ただ家計にかなり響いた。綾子夫人は語る。

お金がなくなって、私の時計、コート、装飾品がお米に代わりました。見かねた信徒が「信仰の友より」と匿名で近くのお店から月一回、しょうゆ、砂糖、乾麺を届けてくださるようになりました。不思議に神様が養ってくださったのです。食べ物ばかりではありませんでした。主人と共に主に「能力の足りない私たちに働いてください」と祈ると、主は新米の伝道者夫婦の祈りを聞き入れてくださり、主日礼拝に集まる人が一時は少なくなりましたが、やがて上向きになってきたのです。

一九五八年、生島伝道師は按手を受けて牧師に任じられた。そのころから教会員のあいだにつぎつぎと小さな祈り会が生まれ、高座教会は初期の文化啓蒙運動的な集まりから、生島牧師の許で信仰的な深まりを増しつつ、奇跡的発展の時代を迎えることになるのである。

6 二〇周年を迎えた高座教会

二代目礼拝堂の献堂

一九六四年一二月の初旬、待望の礼拝堂が完成した。松の木に囲まれて建つ木造の会堂は、地域の心の拠りどころとなることを願う教会にふさわしいたたずまいであった。

礼拝堂の建設は一〇年も前からの願いであった。最初の礼拝から八年弱の時点で、クレメンスホールはしばしば手狭となって増築や改修を重ねており、しかも正式な礼拝堂建築ではなく、幼稚園施設としても使われていたため、本格的な礼拝堂の建設が望まれるようになっていたのである。そのなかで募金運動が起こされ、婦人会が石鹸などの販売によって資金を積み立てたり、青年たちが割れて売り物にならないくずクッキーを売って資金を生み出そうとしたりした。当時は画家としてより写真家として活躍するようになっていた田中清隆は、写真集の売り上げを献金した。一九五八年からは、毎日一円を献金する動きが始まった。一円献金運動は教会員のあいだに拡がっていき、また第一週の礼拝献金を建設資金として積み立てることになった。六三年には、翌年末の献堂を願って建設予定地で野外礼拝を捧げ、克己献金を行なうことと、会員全員で二年間に二〇〇万円捧げることを決定した。

献金は、幼稚園の保護者や卒園生にも呼びかけられたが、それだけではなく、教会外の人たちにも協力を呼びかけた。会計を担当していた長老島田明によると、教会員からだけの献金では「とても駄目なので、とにかく皆さんに頼もう」ということだったという。呼びかけのための「礼拝堂建設趣意書」にこう記されている。

数年前より正式の礼拝専用の会堂を与えられるように祈られ、……内部の献金を開始いたしましたが、昨年牧師館の改修と、会堂の修理に約八十万円をその内から支出せざるを得ない事態で御座いまして、礼拝堂建設が少し延引するの止むなき状態となりました。

今回会員だけでなく外部のご理解ある方々にもお願いして、一気に献堂を進めたいと計画をすすめた次第で御座います。

宗教教育が全人類に不可欠であるとの空気が濃厚になってまいりましたが、基督教会がこの間に処して負うべき責任は重大でありますことを考え、この大和市の一角に初めて進駐軍が降下した、いわば民主日本の夜明けともいうべき地に、キリストによる信仰と永遠の平和の記念塔として、礼拝堂を神に捧げようと決心した次第であります。

何とぞ切なる私共の祈りが達成されますよう応分のご献金を切にお願いいたします。

これに応えるようにして、幼稚園関係二五〇名、一般有志五五名など、教会内外から多くの献金が捧げられた。教会員以外の献金者は、教会の正門近くに献金者芳名掲示板を立て、金額は示さなかったが、氏名を掲示した。教会員は「教会員一同」として貼り出された。教会としては異例のこの措置には前述のクレメンスホール建設時と同様に批判もあったが、地域に生きる教会としてこれを断行した。

なお、一九六二年には、米軍瀬谷通信隊から八〇万円の援助があったことも、この時代ならではのこととして付記しておきたい。

国内の献金に加えて、アメリカのカンバーランド長老教会から一八〇万円の援助があり、さらに二九〇万円近くの長期・短期の借り入れをし、合計七七七万円で礼拝堂建設が果たされた。アメリカからの援助と借り入れは全体の六割を占めていたことになる。いずれにしても、一九六三年の教会予算が七六万円であったから、その一〇倍規模の会堂を建設するという大事業であり、「天国計算を信じて建てましょう」という田中清隆の言葉が象徴するようなチャレンジであった。

教会員は労働奉仕も行なった。礼拝堂を建てた場所は松や雑木がたくさん生えていたためそれを伐《き》り、土を掘り起こして木の根を取り出し、用地を整備した。青年会員としてその時代を過ごした森英志は、献金を生み出す活動や労働奉仕に一生懸命取り組んだことをふり返り、「私たち信仰をもった若い者が一つの目標と活動の場を与えられているということが、成長を促すための大きなステップになった。そこに神様の導きを思う」と語っている。

この礼拝堂を設計したのは、日本基督教団横浜上原教会の幹事（役員）村上潤であった。横浜上原教会の戦後最初の牧師だった高柳伊三郎は、吉﨑忠雄牧師と同じく青山学院神学部出身で日本基督教団のメソジスト派に属し、後任の伊藤忠利牧師は吉﨑牧師と同じ時期に同学部で学んだ仲であった。そうした関係から、横浜上原教会は自然の豊かな高座教会で何度も中高生の夏季キャンプを行なっていた。村上潤は教会堂の設計に実績のある建築家で、教会学校の奉仕でこの夏季キャンプにも同行していた。また、夫人の村上昌子は、女学生のころから高座教会員の瀬底恵子と交友があった。村上昌子が在学していたフェリス和英女学校（のちのフェリス女学院）の友人から、ＹＷＣＡの活動を通して親友となっていた当時京都在住の喜田川恵子（のちの瀬底恵子）をＹＷＣＡの全国修養会で紹介されて以来の交友であった。そうしたつながりのなかで村上潤に設計が依頼されたのである。

施工した菊池兄弟工務店は、牧師館の増築に携わった地元の工務店で、親切かつ誠実な仕事ぶりと優れた工事をしたことから、礼拝堂の建設を依頼することになった。礼拝堂建設においても非常に丁寧な工事をし、風格のある会堂をみごとに建て上げた。のちにエルサレム館と名づけられたこの礼拝堂は、その後、高座教会に講演や礼拝説教などで訪れた牧師たちから、とても落ち着くすばらしい会堂だとほめられた。

設計者の村上は同じころ、横浜上原教会が創立した横浜二ツ橋教会の礼拝堂も手掛けていて、一九六六年に完成した。一九七〇年に横浜二ツ橋教会から高座教会に転入会した前述の高橋信夫・壽美枝夫妻は、高座教会の礼拝堂を見て、内部の雰囲気が二ツ橋教会とよく似ていることを強く感じたという（二ツ橋教会礼拝堂は今も使われている）。高橋信夫は転入会ののち、長老、みどり幼稚園の理事と園医、ボーイスカウト団委員長など、多方面にわたる働きをした。

このように高座教会の新しい礼拝堂はさまざまな面で人間の思いを超えて与えられ、一二月一三日に教会内部で献堂式が行なわれた。続いて「クリスマスは新しい礼拝堂で」という会員の切なる願いがかなえられ、クリスマス礼拝と燭火礼拝（キャンドルサービス）が感激のうちに新しい礼拝堂で捧げられ、三〇〇名を超す会衆で補助椅子を出しつくしても数十名の人が立たなければならないほどであった。九〇名から一〇〇名の礼拝出席で手狭になったことを考え二〇〇名収容の礼拝堂を建てたが、ここでも人間の思いを超えることが起こっていたのである。

一九六五年一月二四日には、宣教師、姉妹教会の教師、献金者を招待し、礼拝堂完成祝賀特別礼拝が捧げられた。この時も会衆は会堂にあふれ、座席が不足する状況であったと『二〇年史』は伝えている。

祈る教会へ

礼拝堂を献堂した高座教会は、一九六五年元旦から新しい歩みを始めた。毎日、朝六時一五分から早天祈祷会を、午後四時から夕拝（夕方の祈祷会）を行なうようになったのである。礼拝堂を与えてくださった神の前に、襟を正して歩む決意のあらわれであった。

早天祈祷会は通勤・通学の前に参加できるように、夕拝は買い物のついでに参加できるように配慮されての時間設定であった。どちらも聖書を通読するかたちで読み、牧師が短く説教をしたあと、参加者がそれぞれ静かに祈り、終わった者からそっと退出した。きっちり三〇分の集会だったが、いつまで祈ってもよかった。この日々の祈りの積み重ねによって、高座教会は祈りの大切さを学んでいった。

毎日の二つの祈祷会は、前年に生島牧師に与えられた一つの出会いによって始まった。礼拝堂の工事が進められていた一九六四年一〇月、アジアで初めて開催された東京オリンピックに、教会員平山正枝の夫平山昌雄が韓国にいる父と母を招いた。熱心なクリスチャンだった平山の両親は、まだ信仰告白をしていない息子を気遣い、日本で結婚している平山の家庭を訪れたのだが、オリンピックそっちのけで毎日のように高座教会を訪れ、祈りを捧げていた。生島牧師は、「その祈りは大変なものでした。私は、これにはすごく感激しました。こんな信仰ってあるのかなと思ったほどです」とその衝撃を語っている。

ある日、平山の家庭に招かれた生島牧師は、老夫妻から韓国教会の実情を聞かされて驚いた。夫妻が通っている教会の会員数が五〇〇名と聞き、大教会の部類だと思ったが、ソウルでは会員数一万人前後の教会があるというのである。当時の日本では知られていなかった韓国教会の様子を根掘り葉掘り聞くなかで、生島牧師はそのいちばんの原動力が朝四時からの祈りだということを教えられたという。日本の教会と韓国の教会の祈りの姿勢の違いを知ったこの時の衝撃が、毎日の祈祷会を始める決断を導いたのである。のちに生島牧師は、この平山の両親との出会いは、神が保護の御手をさしのべてくださったことの一つであり、大きな助けとなったとも語っている。

平山の両親との出会いがあったことから、その後、夫妻を通して韓国の牧師を紹介され、高座教会の礼拝で何度か特別説教が実現し、教会員は大きな励ましを受けた。なお、平山昌雄は、両親が来日した翌年に信仰告白をし、六七年には執事に選ばれている。

早天祈祷会には、毎日欠かさず出席する信徒が何名かいた。高座教会の第一回礼拝に数少ないクリスチャンとして参加し、最初の転入会員となった鷲頭ひではその一人であった。礼拝堂ができたとき、夫が「がらんどうにならなければいいがね」と語ったことを生島牧師が気にかけて早天祈祷会を始めたと思っていた鷲頭は、礼拝堂が会衆で満たされるように祈祷会で必死に祈ったという。鷲頭は後年、当時を回想して、「夏も冬も、雪の降る日も、雨の日も、毎日でしたよ。真冬なんか、提灯をつけて来るようでした。家を出るときは真っ暗だったから」と語っている。

早天祈祷会にはまた、当時、南林間にあった宣教師館に住んでいたトルバート・ディル第二代宣教師も毎日出席していた。ディル宣教師は、一九六一年八月に来日し、六六年末には帰国する短い日本での働きであったが、日本語が堪能で、外国人による日本語弁論大会で徳川夢声賞を受賞するほどであった。その日本語力を駆使して、ディル宣教師は一時期、夕拝の小説教を担当した。

夕拝の前には、礼拝堂の屋根上の小塔に設置された拡声器からオルゴールが流された。しかし、周辺からの苦情で長くは続けられず、コミュニティー教会の理念を実現することの難しさを味わった。

新しい礼拝堂で日々もたれる祈りの時を参加者は恵みと感じて喜んだが、毎日二回の祈祷会を休まず続けることは大きなエネルギーを要することであった。ディル宣教師が働きに加わった一時期があったとはいえ、生島牧師の負担は大きく、ついに過労で倒れた。それを契機に、早天祈祷会と夕拝は一九六八年で中止することになる。しかし、早天祈祷会と夕拝を通して祈りの大切さを学んだ高座教会は、祈る教会への大きな一歩を踏み出したと言えるであろう。その後、早天祈祷会に参加していた人たちの話し合いにより、一九七〇年から、週に一回、木曜日に早天祈祷会を再開することになった。

創立二〇周年と特別伝道集会

創立二〇周年を迎えた一九六六年、教会は三つの記念事業を行なった。記念誌(『二〇年史』)の発行、記念礼拝、記念特別伝道集会である。

『二〇年史』は、前年九月の役員会で発行することが決議され、編集委員会がつくられて、六六年一一月に『カンバーランド長老高座基督教会二十年の歩み』として刊行された。執筆は田中清隆ひとりによるものだが、高座教会の創立メンバーであり、一貫して教会の中心的役割を担った田中にしてはじめてなしうる作業であり、初期の高座教会の動向を知る貴重な資料となった。

二〇周年感謝特別礼拝（記念礼拝）は、一一月六日（日）午前一〇時から、日本聖書神学校校長の岡田五作牧師を説教者に迎えて捧げられた。

この日を、教会は挙げての準備によって迎えた。礼拝後に行なわれる愛餐会のために婦人会が弁当をつくり、青年会と一粒会（高等科）がその包装をした。『三〇年史』によると、週報で記念礼拝の案内をし、「昭和二十一年クリスマスより出発しました高座教会の歴史は、人間の努力の小ささと、神の恩寵の絶大さの刻まれた二十年の歴史です。今年迄教会に関係のありました方々全部に集まって頂いて共に祝いたいと思います。誘いあって出席しましょう」と呼びかけた。

愛餐会ののち、午後二時からは「音楽の集い」がクレメンスホールで開催され、聖歌隊、小羊会（中学科）、一粒会、若夫婦の会、青年会、国立のぞみ教会、そのほか何人かによる演奏が行なわれ、一〇〇名近くが出席する家庭的で楽しい雰囲気の会になった。当日は教会施設内で、写真展「目で見る二〇年の歴史」も開かれた。

この年は、二〇周年を祝い、記念礼拝のほかにも多くの牧師が高座教会で説教や講演を行なった。

四月二七日　説教「人生建築の基礎」　太田俊雄師（日本聖書神学校教授）
五月一日　説教「永遠の救い主」　淵江淳一師（東小金井教会牧師）
六月二六日　講演「福音と伝達」　新井宏二師（ジャパン・キャンパス・クルセード総主事・馬橋キリスト教会牧師）

九月四日　説教「こっけいとユーモア」中村清信師（東札幌教会牧師）
一〇月一〇日　説教（説教題なし）趙東震師（韓国特別市厚岩長老教会牧師）
一二月四日　説教「勝利の生活」山口昇師（共立女子聖書学院院長代理）
一二月一八日　説教「神の言」トルバート・ディル宣教師（一二月二〇日一家で帰国したディル師による最後の説教となった）

もう一つの記念行事、特別伝道集会（特伝）は、一一月二六・二七・二八日の三日にわたって行なわれた。講師に新井宏二牧師を迎え、「世の勝利者」「罪からの勝利者」「死に勝つもの」と題してメッセージが語られた。

高座教会で特伝を行なうのは六年ぶりのことであった。六年前までは何度か伝道集会が開かれていたが、一九六〇年にクリスチャン講談師・田辺南鶴による講談の夕べ「石井十次伝」を伝道集会として開催したところ出席者が少なかったことなどから、教会員の伝道に対する姿勢が十分でないと感じられ、教会員の訓練がまずなされるべきだということになったのである。

しかし、新しい礼拝堂を与えられ、二〇周年を迎えたいま、外に向かって伝道すべきとの思いから、特伝を再開することになった。特伝を行なわなくなった過去の経緯を踏まえて、この時は地区ごとの祈りと交わりの場である「組会」で誘う人の名前を挙げて祈り合ったり、一人ひとりが心に決めた人のために毎日時間を取って祈ったりするという準備をして、記念特伝に臨んだ。その結果、二六日は二四〇名、二七日は二三〇名、二八日は二七〇名の出席者が与えられた。初めて出席した人のアンケートでは、キリストを受け入れる決心をした人が四名、受洗を希望した人が四名、聖書の勉強を希望した人が四四名、集会出席を希望した人が三六名にのぼった。

記念特別伝道集会を行なったこの年には、個人伝道に取り組む動きも始まっていた。個人伝道のグループ員を募って訓練勉強会を開くとともに、第二日曜日を個人伝道の日として活動を開始した。個人伝道グループの会合では、クリスチャン誰しもが伝道の思いをもつ必要があり、先に教会を知った者として、言《ことば》と生活でキリストを紹介する責任があることを確認し、どのようにすればキリストの証人となることができるかを考え合った。このように伝道の思いが高められていく動きをも背景として、二〇周年記念特別伝道集会が行なわれたのである。

この年以降一九七〇年まで、毎年、特伝を行なうようになった。集会のテーマは、六七年が「豊かな生活の追求」、六八年が「あなたはもうかっていますか」、六九年が「キリストを受け入れなさい」で、いずれも生島牧師がメッセージを担当した。そして七〇年には「あなたの一番大切なもの」というテーマで、町田聖書キリスト教会の後藤光三牧師がメッセージを行なった。それぞれ二日間にわたる集会で、多くの参加者があった。

7 スカウト活動の開始と試練の年

教会学校の重視

高座教会では、前述のように設立の当初から子どもたちも集まり、最初のイースターの直後から教会学校（日曜学校）が始められていた。一九五一年には、校長のほかに、幼稚科から小学科・中学科まで各学年に教師が一人ずつ立てられた。吉﨑牧師の時代も生島牧師の時代も教会学校には一貫して力が注がれてきた。

生島牧師は、一九七八年に「第三回教会成長実地研修会」において、高座教会の牧会の実際について語った講演（のちに「高座基督教会・教会形成の道」として『クリスチャン新聞』に連載された）のなかで、吉﨑牧師から牧会を引き継いでから教会員の訓練に力を注いできたことに触れたあと、教会学校に特別に重点を置いてきたと語っている。

では、高座教会では伝道を考えないのかと言えば、決してそうではありません。伝道はイコール教会学校だと考えています。

当時の高座教会の会計は、まだ小さなものでしたから、「特伝もやりましょう」「教会学校もやりましょう」と、あっちにも、こっちにも、手を伸ばしていったら、そのために使うお金は、ほんのちょっぴりずつになってしまうわけです。……ですから、それをちょっぴりずつにしないで、一つに一本化するんだということで、教会学校がイコール伝道としたわけです。……

そのころ私は、そこまで配慮したわけではありませんでした。しかし、高座教会は、前の牧師と私が交代しましたので、何かと信徒の目が牧師に集中しがちなので、私は、そうではなくて、教会学校、教会学校と言っては、そのことを訴えつづけました。

教会学校の充実を語りつづけているうちに、婦人層からも、「教会学校のために何かしましょう」という意識が高まってきました。それは青年たちの間からも起こり、「教会学校のために奉仕しましょう」ということになりました。

このように全部を一本化するという、このあたりは、あとから考えてみたとき、やはり牧師交代の時期に、大事な点であったと、そう思わずにおれません。

教会学校の重視を示す一例として、一九五九年一〇月に行なわれた祈祷会がある。そこでは、教会学校のために、七日にわたって連夜、一日ごとに次のように具体的な対象を定めて祈りが捧げられた。

四日（日）教会学校教師の方々のため
五日（月）中学一年生クラスのため
六日（火）中学二年生クラスのため
七日（水）中学三年生クラスのため
八日（木）教会学校を離れていった生徒のため
九日（金）まだ教会学校に来たことのない生徒のため
一〇日（土）教会学校および教会全体のため

教会学校に力が注がれるなか、一九六六年には、幼稚科から小学科六年までの各学年に二人ずつの教師が立てられるようになった。

スカウト活動の導入

しかし、社会全体の子どもを取り巻く環境の変化につれて、教会学校にも転機が訪れていた。中学科の男子が、全員でも五、六名、時には一人か二人という状態になっていたのである。以前の小羊会の集会にはゲームや歌を楽しむ中学生が大勢集まっていたが、部活動や塾通いのためにゲームや歌では生徒たちを集めることができなくなっていた。教会学校の教師会で、男子のためによいプログラムはないか話し合われ、生島牧師から魅力あるプログラムを探すよう命じられた中学科教師で大学二年生だった瀬底正義（のちに希望が丘教会牧師）は、聖書同盟のパイオニア・クラブやアメリカの教会で行なわれている活動などを調べた。

生島牧師自身も、たまたま歯の治療に赴いた稲葉歯科医院でボーイスカウト活動の存在を知った。歯科医師稲葉睦美からボーイスカウトの本を見せられ、この活動の創始者であるイギリス人ロバート・ベーデン＝パウエルが、牧師の息子であり、教会に子どもが集まらないことからボーイスカウトを創設したことを聞かされたのである。

稲葉は、世田谷区経堂でボーイスカウト東京第一三三団を立ち上げ隊長をしていたが、南林間から治療に通っていた人がいたため、父が開業していた経堂の医院から独立し、一九六五年に南林間で新たに稲葉歯科医院を開業した。転居してすぐに長男をみどり幼稚園に入園させたことから、幼稚園の保護者として生島牧師と知り合うことになったのであった。

稲葉の話に可能性を感じた生島牧師は、ボーイスカウトについてさらに知るために瀬底正義を稲葉のもとに遣わした。瀬底は稲葉の話を聞くとともに、クリスチャンスカウト協議会の委員や加入教会を訪問してスカウト活動について調べた。その結果、ボーイスカウトが当時の教会の必要にもっともふさわしいとの結論を生島牧師と共有し、神学生細木徹哉と二人で「新しい教会教育のあり方の模索——ボーイスカウト採用問題に関する考察」をまとめた。

これは、「まえがき／1新しい人間形成の要請される時代／2当教会における教会教育の現状／3新しい教会教育の理念と体系の模索／4ボーイスカウトの意義の発見／5スカウト活動の実際／6高座教会に於けるスカウト活動の可能性／7具体的にどういうスカウト活動を行なうか―その計画と青写真―／むすび」から成っていた。瀬底と細木はこの「考察」によって、信仰生活に導くことをめざす子どもたちの人間形成は、教会学校だけでは十分になしえず、ボーイスカウト活動と協調することによって可能となることを、論理的に、また具体的にボーイスカウトの実際を示しながら説き、その採用を提言した。それが教会学校教師会としての提言となり、役員会もそれを了承した。

ボーイスカウトの発団に向けて、稲葉は熱心に力を貸した。診療の昼休みに瀬底を昼食に誘って技能の特訓をしたり、隊長を務める東京第一三三団と、稲葉の指導によって一足早く発団した海老名第一団のリーダースカウトを野営訓練の支援に派遣したりするなど、持てる知識と経験を伝え、スカウト活動の実際を見せて、高座教会がスカウト活動の採用を決定するうえで大きな役割を果たした。

一九六七年六月二五日、ボーイスカウト大和第一団が発団した。隊長を瀬底正義、副長を高下泉、柴田潔、宮崎信恵が務め、スカウトは一六名であった。そして育成会長は生島牧師、団委員長は長老として発団のための働きを担った田中清隆、副団委員長は細木徹哉、団委員は稲葉睦美、町田実、松田晴雄が務めることになった。

ボーイスカウトの発団は女子を刺激した。ボーイスカウトの男子たちが楽しげに、格好よく教会の庭でキャンプをしたり、手旗やロープの結索をしている姿を見て、「私たちもガールスカウトをやりたい」と中学科の女子が教会学校の教師たちに陳情したのである。それを受けて、瀬底と教会教育について話し合っていた小学科教師の鈴木ノリ子（のちに瀬底正義牧師夫人）

はさっそく資料を取り寄せ、ガールスカウトが女子の未来に与える可能性を感じて夢をふくらませた。鈴木はのちに、当時をふり返ってこう書いている。

ハンドブックを繰ってみると、それまでの女の子がもっていた遊びや活動、知識、考え方を大きく超えた、冒険と、想像力にみちた世界がひろがっていました。教会の女の子たちが、教会学校の先生になった時、クリスチャン女性として成長した時、結婚し、お母さんになった時、広い視野と、ゆたかな想像力、的確で機敏な判断力、そして考えたことを実践していく実力と勇気をもてたら、どんなに素晴らしいだろうと思いました。ガールスカウトの多彩なプログラムは、そのニードにふさわしい内容をもっていると、強く感じました。「私たちも、ガールスカウトに挑戦！」（『ボーイスカウト大和第一団／ガールスカウト神奈川県第一九団・発団二〇周年記念誌』）

鈴木は、教会学校教師の仲間、菅原眞知子、宇山紀子、苫米地さと子、坂内幸子などに呼びかけ、ガールスカウトの発団をめざした。

ところが、その準備が進むなかで、悲しい出来事が起こった。教会に隣接する林でキャンプの練習をし、山中湖畔でキャンプしているボーイスカウトを訪問した直後、中学二年生のトニー・モーアが高熱を出して入院した。日本脳炎であった。大和市立病院の隔離病棟の病室の外で、共にガールスカウトになる準備をしていた中学生の何人かが、笛を鳴らし、号令をかけて、トニーが目覚めることを願った。教会でも連日、トニーのために祈りが重ねられた。けれどもトニーは、発団を間近にした九月五日、天に召されたのである。

ショックは大きく、悲しみは深かった。しかし、つらい出来事を通してかえって結束が強められ、ボーイスカウトの発団と同じ一九六七年、一〇月二一日にガールスカウト神奈川県第一九団は発団した。リーダーを鈴木ノリ子、菅原眞知子、宇山紀子が務め、スカウトは三一名であった。団委員長は苫米地さき子、団委員は柴田初子、大庭澄子が務めた。

こうして、ボーイスカウトとガールスカウトは、教会学校と相まって高座教会の子どもたちの全人的成長に仕える働きとして歩みはじめたのである。

ボーイスカウトは発団の翌年、ボーイスカウト日本連盟からの依頼により、広報映画「少年よ、太陽のように」の撮影に協力した。大和第一団一六名、東京第一三三団八名、海老名第一団八名のスカウトによる特別隊を編成し、日常の訓練や団会議などが高座教会の庭や施設で撮影され、夏のキャンプは山中湖畔で撮影された。一九六九年に完成したこの映画は、七〇年の日本ジャンボリー、七一年に日本で開かれる世界ジャンボリーに向けて、ボーイスカウト活動を広めるために用いられた。

なお、教会学校は、一九六八年には小学科の礼拝を上級（四年から六年まで）と下級（幼稚科から三年まで）に分け、六九年四月からは小学科四年から六年を二クラスに分け、大人の礼拝に出席していた中学科は「ジュニアチャーチ」の礼拝を別に行なうようになった。

この時期の教会学校の歩みを見るとき、一九六七年から二〇年にわたって校長を務めた宮崎道弘の働きが大きかったことを付記しておきたい。宮崎は、一九六五年に赤岩栄牧師が牧する日本基督教団上原教会から転入会し、翌年から長老となったが、転入会直後から高等科の教師となり、教育に力を注いだ。明治学院中学校・高等学校で社会科の教鞭をとっていた宮崎は、のちに明治学院大学に転じてからも、明治学院東村山中学校・高等学校の校長を三年間兼務し、同校の人格教育の基礎をつくったと言われ、大学においても、全人的な教育をめざす教育者として人望を集めたという。教会においても、謙虚で誠実な人柄によって教師たちから慕われ、敬虔な信仰に立って教師の育成に情熱を傾け、教会の急成長とともに多くの教師を擁する大規模な組織となっていった教会学校を、その総まとめ役として支え、導いた。

教勢停滞中に襲った試練

一九六四年一二月に礼拝堂が献堂されたあと、九〇名ほどだった礼拝出席者は、六六年には平均一二二名にまで急増した。しかしその後、六七年は一二二名、六八年は一二〇名と横ばいとなり、六九年には一一二名、七〇年には一〇六名と減少していった。

この時期について『三〇年史』は、「高座教会の倦怠期」と表現したうえで、こう記している。

この倦怠期は四十六年（一九七一年）頃まで続いた。恵みに恵みを加えられ、成長しつづけてきたことに対する大きな安心が、そこにはあった。私達は、二十二年間守られつづけてきたことの恵みを、いつのまにかあたりまえのこととしてしか感じられなくなっていたのかもしれない。二十二年前の熱心をそのまま持ち続けることは、私達にとって困難なことであった。

一方、生島牧師は、先に触れた講演の中でこの当時のことをふり返り、その原因には諸事情が重なっているだろうが、むしろ牧師側に原因があったとして、こう語っている。

牧師が重荷を感じて「本当にやろう」という前向きの姿勢よりも、むしろ、「重いなぁ」「大変だなぁ」という感じの方が、この当時は、私たち夫婦には多かったと思います。

一つは、礼拝出席者の数が八十人のところから百二十人にいっぺんにあがってしまいました。りっぱな礼拝堂もできました。これ、全部が、私という無能者にはふさわしくないという、その辺の感じが私につきまといまして、どうしても私が積極的に動くという感じにはなれなかったのではないかと思います。今考えると、確かにそうだったと思います。

私たち夫婦は一生懸命やりました。一生懸命にやっているんだけれども、やっていることは、そのような感じでやっていたというふうに思わずにはおれないわけです。この辺が、横ばいから下降線をたどっている大きな原因だと思うわけです。

いずれにせよ、こうした教勢停滞の真っ只中にあった一九六九年に、いくつもの試練が襲った。その一つは、青年会学生部の会長を務めていた宇山隆夫が、大学の山岳部合宿中に命を失ったことである。宇山は、大学入学後の一年間は混声合唱団に所属していたが、二年生になって山岳部に入部し、七月二二日から夏山訓練として北アルプスに入山していた。北アルプスを縦走する合宿一六日目の八月六日午後一時二〇分ごろ、薬師岳太郎平小屋で、宇山は極度の疲労による衰弱のため天に召された。それは当時、体育会に蔓延していた「しごき」の犠牲と言える死であった。

宇山は、みどり幼稚園入園以来、高座教会につながり、青年会に入ってからはその役員や教会学校の教師、教会の機関紙『パンくず』の編集スタッフを務めるなど広く活躍していた。青年会の先輩や仲間からも、奉仕の仲間からも、生島牧師からも信頼され、いっそうの活躍が期待されていた宇山の突然の事故死は、教会にとって大きな衝撃であった。

その痛みが続くなかで、もう一つの試練が襲った。八月一九日の午後九時ごろ、教会の建物の一つで出火し、全焼したのである。「ショップ」と呼ばれていたその建物は、米軍から譲り受けたカマボコ型兵舎二棟を横に並べてつなげ、あいだの壁を抜いて中を広くしたものであった。教会の倉庫兼物置として使われ、ボーイスカウトとガールスカウトの備品、青年会の備品、また一時帰国中だったメルベン・スタット第三代宣教師一家の家具と書籍などが収められ、スカウトルームとしても使われていた。またその一角には、二年前に青年たちがつくり、集会所として使っていた部屋「ベタニヤ」があり、青年たちの大切な居場所となっていた。

幸い消火作業が早かったことと、不燃材による構造などのため礼拝堂と幼稚園への延焼はまぬがれたが、ショップ内に収められていた物はすべて焼けてしまった。出火の原因は明らかにならなかった。
宇山の死に続いて起きたこの火災の衝撃を、『三〇年史』はこう記している。

この火災は高座教会にとってとどめの一撃となった。連続して起きる辛い出来事のなかで、不安と動揺の波は全教会員をおそった。それはまだ幼いボーイスカウト、ガールスカウトにまで及んだ。焼けこげた団旗を見る彼等の思いはどのようであっただろうか。

生島牧師は、この火災の責任を取るため辞表を提出した。しかし、役員会は、長老派教会であるからには長老全員で責任を負うべきであるとして辞表を受理せず、生島牧師はこれに従った。

厳しい試練が重なったこの年の四月に、ボーイスカウト大和第二団が発団している。大和第一団は教会隊として教会学校在籍の子どもだけがスカウトになれたが、教会学校に来ていないがボーイスカウトに入りたいという子どもたちにもスカウトになれる道を開きたいと、稲葉が中心となって発団させたのである。稲葉は、前年に東京第一三三団の隊長を退き、大和第一団の副団委員長、シニアアドバイザー（シニア隊隊長）を務めて大和第一団の育成に力を注いでいた。その稲葉が第二団の隊長となり、副長の一人、数名のスカウトと共に第一団を去ったこともまた、少なからぬ衝撃となった。

目を教会の外に向けると、一九六〇年代には政治や社会、そして大学に「異議申し立て」

をする学生運動が世界各地で活発になった。過激化した大学紛争の波は、六八年から六九年にかけてキリスト教系大学にも及び、学生による校舎封鎖が相次いで起こっている。そして一九七〇年には、ついに東京神学大学構内に封鎖解除のため警察機動隊が導入されるという事態になった。

荒れる神学校の余波は、高座教会には際立った影響を与えることはなかったが、教会学校の教師であった神学生が「教会ではタバコが吸えないから敷居が高くなる」と言って研修会中に故意にタバコをふかしたりして、生島牧師や参会者たちを戸惑わせるようなことがあった。一九五八年に神奈川県立湘南高等学校を卒業し、教会員の大きな期待を背負って教会の神学生として東京神学大学に進んだ小貫隆久が、神学校在学中に信仰上の疑問に悩み、学業半ばで退学したのは大学紛争が本格化する少し前のことだが、退学後警察官となった小貫が大学紛争のデモ隊との対応中に負傷したことは、やはりこの時代と深く結びついた悲しい出来事であった。タバコを吸って周囲を戸惑わせた細木徹哉は、この時期に神学校を中退している。

生島牧師は、一九九一年九月に行なわれた成人教育特別講座「高座教会の歴史をふり返る」のなかで、教会施設の火事や宇山隆夫の死に触れたうえで、このころのことを、「人間関係が混乱し、つらい時期でした」と語っている。

危機を乗り切る力になった「ベテル聖書研究」

一九六九年は大きな試練の年となったが、そうした時期にあっても、高座教会が整えられていく動きは芽生えていた。その一つは、この年四月に始まった「ベテル聖書研究」の学びであった。

ベテル聖書研究会を創設したハーレイ・A・スイガム博士は、一九二三年生まれのアメリカ福音ルーテル教会の牧師で、彼が考案した「ベテル聖書研究」は、聖書全体を救済史として系統的に読むという聖書教育の教材である。アメリカでおよそ一〇〇万人、韓国で四〇万人が受講し、台湾、カナダ、ドイツ、フィンランド、香港などでも用いられた。

日本では東海福音教会（現在の日本福音ルーテル教会）から伝道視察のために派遣された大柴俊和牧師がスイガム博士の講習会に出席し、一九六〇年代後半にこの教材を日本に持ち帰った。以後約三〇年にわたりスイガム博士を毎年日本に招き、その後も講習会を続けて四〇年間でさまざまな教派・教団の二〇〇〇人の教職者、二万人の信徒が受講している。

この講座は、創世記からヨハネ黙示録まで旧約・新約をそれぞれ二〇課に分けて学ぶように構成したテキストを用い、旧約を一年、新約を一年かけて二年間で聖書全体を学ぶプログラムになっている。牧師や司祭らがまず講習会を受講し、その後、各教会で希望した信徒が受講する。生島牧師は、教勢停滞のなかで信徒が自分自身で聖書に取り組む必要を感じ、ふさわしいテキストを探し求めた。そして吉崎忠雄牧師の勧めでベテル聖書研究を知り、指導者講習会に参加して、高座教会での学びを始めたのであった。

毎週一回の学びでは、各課ごとに宿題があり、時折テストも行なわれるというハードなベテル聖書勉強会であったが、六八名が受講を申し出た。当初、勉強会は日曜日夜と火曜日午前の二クラスを予定していた。ところが、参加者が多くなったため、火曜日夜のクラスを追加した。二年のあいだには、さまざまな事情で中途で断念する人や交通事故で召された人もあり、第一期を修了したのは三十余名であったが、礼拝出席一一二名の時にその六割以上の信徒が聖書の学びに取り組む姿勢を見せたことは、大きな支えと励ましになったと生島牧師は語っている。ベテル聖書勉強会は一九九一年まで続けられた。

また、教勢が停滞しているとはいえ、一〇〇名を超す教会となり、拡大した教会組織の再点検が求められるなかで、七〇年三月から長老会と執事会を分けることになった。それまでは、長老・執事合同で役員会を行なっていたが、長老が執事と一緒になって事務処理的な働きもするのは本来の姿ではなく、長老は牧師の補佐として、伝道・教育に専念して教勢発展に尽くし、教会の将来の方針を考えるべきとの認識に立ち、教会活動の執行面を執事が担うようにして執事会を独立させたのである。執事会の独立により、執事が教会活動全般の運営を担う体制が整えられていき、翌年には、六名だった執事を八名に増員している。

少し遡るが、共立女子聖書学院で学んでいた大久保和子神学生が、一九六八年三月に卒業し、四月に牧師助手に任じられ、牧会・宣教の一翼を担うようになったことも、高座教会の歩みをより確かなものにし、豊かなものにする力となった。

8 成長の礎が築かれる

「訪問伝道」の取り組み

前述のように、創立二〇周年の年に再開した特別伝道集会は、高座教会の大切な伝道の働きとしてそれ以降毎年行なうようになり、六八年には二日間で四〇九名、六九年には四三九名、七〇年には五四四名の参加者が与えられ、七〇年はそのうちの三七〇名が求道者であった。

特伝を実りあるものとするために、いろいろな取り組みがなされた。六七年には、半年前に特別伝道準備講演会を行ない、後藤光三牧師を招いた。六八年には、特伝に備えるために、七月二日から六日まで五日間にわたる信徒研修会を行なった。第一日目には新井宏二牧師から、二日目・三日目には生島牧師から伝道の姿勢について講演があり、四日目・五日目には特伝のための祈りのチームづくりの説明と話し合いが行なわれた。六九年には、一人が一〇人を誘う運動が展開された。さらに七〇年には、各世代別会で特伝のための勉強会を行ない、二週間前に講師によるフォローアップのための講演会が行なわれた。その準備から当日の実施まで数多くの奉仕と祈りが捧げられた。まさに教会を挙げての取り組みであった。

しかし、初めて来た人や求道の思いをもった人へのフォローアップを十分に行なえなかったことなどから、特伝に多くの人が集まっても、礼拝出席にはなかなか結びつかなかった。どのようにすればしっかり福音が届く伝道ができるか模索していたそのころ、「訪問伝道」がブームとなっていて、全国の教会で取り組まれていた。もともと訪問の大切さは認識していた高座教会でも、訪問伝道に目を向けるようになった。

訪問伝道はメソジスト派の伝道者E・スタンレー・ジョーンズが一九五一年に日本に伝えた伝道方式である。彼は一八八四年に米国メリーランド州の農家に生まれ、一七歳の時に伝道説教を聴いて献身を決意、海外宣教をめざして学生ボランティア運動に参加している。アフリカ伝道を志願したが、メソジスト教会の勧めで一九〇七年にインドに渡り、英語によって知識人を相手に伝道を試みた。しかし成果が得られず、八年半後に心身とも疲れ果てて帰国した。療養のための帰国中に霊的体験があり、自分の体験とヒンドゥー教の共同生活による修行道場アシュラムに着想を得て、クリスチャン・アシュラム運動を始めたと言われる。

この運動はインドの人々に受け入れられ、一九四〇年までに二四か所に拠点ができた。そこではクリスチャンが修行したのみではなく、ヒンドゥー教徒、ジャイナ教徒、イスラーム教徒などを招いて、丸テーブルを囲んで討論する「円卓集会」など新しい伝道方式を試みており、「訪問伝道」もその一環として実施されるようになった。

ジョーンズ師はこの活動をとおしてマハトマ・ガンディー、ジャワハルラール・ネルーらとも交流するようになり、彼らから信頼された。彼は一九二八年にアメリカ・メソジスト監督教会の監督に選出されたが、それを断ってインドでの活動を続けた。そして一九四九年以降、しばしば来日して各教派共同の全国布教運動の講師として活躍、日本各地にアシュラム運動と訪問伝道を紹介した。ジョーンズ師の来日後、NCCと日本基督教団に訪問伝道委員会がつくられ、訪問伝道の働きが教派・教団を超えて全国に広まっていた。その全国講習会が毎夏、伊豆の天城山荘（日本バプテスト連盟研修施設）で行なわれていた。そこで、七〇年八月一八日から二〇日まで、第一七回の訪問伝道全国講習会に、牧師夫人生島綾子、高座教会客員（他教会員で高座教会員と同様の教会生活を送っている人）伊藤賀寿枝、青年会員町田公次が参加した。三名は講習会での説教、講演、証し、祈祷会などで大きな刺激と励ましを受け、これからの高座教会が学び取るべきものがあると感じて帰ってきた。

この体験が報告され、一二月には、高座教会の伝道方法を特伝から訪問伝道中心に切り替えることを執事会が提案するに至り、七一年二月の教会総会で、訪問伝道を活動方針の三本柱の一つとした（ただし、各世代別会での特伝は継続された）。七一年三月の執事会議事録には、「地に付いた伝道方法を築く第一歩として、訪問伝道はいかにあるべきかを学ぶ年とする。一人が一人・二人をどのように地道に教会へ繋げるかを考えたい」と記されている。

七一年には、訪問伝道を推進するために伝道担当長老が必要であるとして、四月に沢田吉士《よしお》をこれに当て、五月に、まず生島牧師によりNCC編の『訪問伝道の手引』を参考にして第一回の訪問伝道勉強会が行なわれた。ついで、全国講習会で講師を務めた日本基督教団川俣教会の吉池みつ牧師を招いて、第二回の勉強会を行なった。六月には訪問伝道に取り組んでいる四つの教会を訪問して実情を学び、八月の全国講習会に一七名が参加した。翌七二年の全国講習会には一四名が参加し、壮年会員の高橋秀夫が「現地実証」で証しを、長老の石塚司農夫が「生活設計実証」の司会を担当した。一一月には日本基督教団小松川教会の原昇牧師を講師として迎え、訪問伝道について学ぶ信徒研修会を行なった。

ここでスタンレー・ジョーンズ師らアメリカ人宣教師が日本のキリスト教界とくにプロテスタント教会の成長に与えた影響について、簡単に触れておきたい。前述のように一九五〇年代に入るとキリスト教のブーム現象は終わりをつげ、一時停滞傾向を示すようになった。もはや爆発的な成長は望めなかったが、その後も教会や信徒の数は徐々に増加し、一九五七年にプロテスタントの信徒総数は初めて三〇万台を超えて三二万九四八二人となり、教会の数は一九四七年に一六〇七、五一年には二七七〇（うち伝道所六八一）だったのに対し、五七年には四三一二（うち伝道所一五一二）を数えるに至った。こうした教勢の支えの一つになったのが、アメリカ人宣教師による大衆伝道であった。

一九五〇年には、はやくもラクーア音楽伝道団が来日している。アメリカ合同メソジスト教会の牧師L・ラクーアは五か月にわたりトレーラーで日本の一二八の町を巡回し、妻と二人の女性とともに四人でマリンバやハモンドオルガンを用いて野外の音楽伝道をつづけ、四三万人を集めた。そのうちのおよそ三万八〇〇〇人がイエスを自分の救い主として受け入れる決心を表明したという。ラクーアの音楽伝道は一九五四年にはプロテスタントの日本宣教一〇〇年記念運動に組み込まれ、六年にわたる夏季伝道によって三一の教会が誕生した。大和ＹＭＣＡのファミリー・クリスマスに高座教会とともに協力している市内の大和教会は、この時の伝道によって生まれた教会の一つである。

現代アメリカの最も著名な伝道者ビリー・グラハムも一九五六年に初めて来日し、両国の国技館で聴衆が場外にあふれる大集会を開いた。福音派の諸教会は当初おのおの独立して存在していたが、しだいに相互協力によって大規模な伝道集会を開催するようになっていた。グラハム師はその後も三回来日しており、六七年の国際大会東京クルセードには、延べおよそ二〇万人が参加した。グラハム師の伝道スタイルは、「私たちの身代わりになって死んでくださり私たちを蘇らせてくださったイエスを、いま救い主として受け入れる人は前へ出なさい」などと直截的に説くやり方で、多少ショー的な要素を含む彼の大衆伝道には批判の声も上がったが、こうしたやり方でイエスをキリストとして受け入れる決心をして会衆の前に進み出た人（決心者）の数は、二五〇万人を超えたと言われる。二〇世紀の信仰復興運動（リバイバル運動）の中心となったグラハム師は、のちにはラジオ・テレビも利用して、世界の二〇億人に伝道したと記録されている。

しかし、この時代に高座教会に最も影響を与えたのは、やはりスタンレー・ジョーンズ師であろう。

「祈りのチーム」の形成

訪問伝道に取り組むなかで、その後の教会の歩みを大きく方向づけることが起こった。吉池牧師から「祈りのグループ」の大切さを学んだのである。

吉池牧師を高座教会に招いたのは、前年の八月に訪問伝道全国講習会に参加した信徒三名の勧めがあったからであった。この三名は、吉池牧師が講習会の講師の一人として、分団のなかで川俣教会の祈りのグループの活動を詳しく報告するのを聞いていたのである。

しかし、吉池牧師を招くことは、勉強会の二か月半あまり前の三月七日の長老会で決まったことであった。実は前年に立てていた当初の計画では、改革派で、教会史が専門の東京神学大学教授ジョン・ヘッセリンクが六月に帰国するので、その前に講師として招くことにしていたのである。ところが、ヘッセリンク師の都合がつかず、代わって、七一年の活動方針に沿う吉池牧師を招くことにしたのであった。

こうして実現した五月二七日の訪問伝道勉強会で、吉池牧師は川俣教会で行なってきた訪問伝道と祈りのグループについて講演し、「訪問伝道を行なう前にやることがあります。それは〝祈り会〟です。〝祈り会〟が徹底していない教会は、いくら訪問伝道をやってもだめです」と語った。

吉池牧師が川俣教会で祈りのグループを始めたのは、訪問伝道を始めた四年後からであったが、それはスタンレー・ジョーンズ師のアシュラムの集会で学んだという。ジョーンズ師は訪問伝道を日本に伝えた四年後、訪問伝道奉仕者自身の霊的成長のために、聖書に聴き祈る霊性運動であるアシュラムを日本に伝えた。吉池牧師は、そこで教えられた祈りのグループが、閉鎖寸前だった川俣教会に成長をもたらしたことを証しし、その具体的な進め方を紹介して、高座教会でも祈りの小グループを数多くつくることを勧めたのであった。

この勉強会を通して、訪問伝道について学ぶ以上に、祈りのグループの大切さを学んだ高座教会は、翌七二年の活動方針に「訪問伝道の実践」と「祈りのチームの組織」を掲げ、祈りのチームづくりに取り組むことになった。

「祈りのチーム」は、前述のように四年前にもつくられていて、特伝のために地域ごとに一四チームが形成されたが、特伝が終わるとその多くが消えていた。今回の祈りのチームは、地域を超えて四、五名で祈り合える友が集まったグループが、牧師館で月一回、牧師夫妻と共に御言葉の学びと祈りと交わりの時をもつというかたちで始められた。「心から共に祈ることのできるチームを作るために祈って下さい。四、五名のグループができましたらお知らせ下さい」と週報で呼びかけ、二月に二チーム、五月に三チームと、応答はゆるやかだったが、七二年中に一五チームが形成され、九〇名が参加した。

その後、祈りのチームはしだいに数を増していき、求道者をどのように迎えるかが課題となって、求道者を受け入れるための「家庭集会」を別に設けるようになった。祈りのチームは、家庭集会を生み出すというかたちで、伝道の原動力になっていったのである。

生島牧師は、先に挙げた講演のなかで、祈りのチームと家庭集会の働きについてこう語っている。

教会の中にこのような〝祈り会〟とか、一人の魂を追い求めて、その人を家庭集会に誘い、さらにその人を悔い改めへと導くという、このような姿勢をもつ信徒が育成されることが大切であると考えています。……高座教会では、このような信徒が沢山出てくるようになりました。私は、高座教会はこのようななかで、神さまから、押し出されて発展しているんだと、そう思わずにはいられません。

教会の成長を促す大きな要因の一つになった祈りのチームと家庭集会は、このように一九七二年にその礎が築かれたのである。

牧師と教会の再出発

高座教会が訪問伝道に取り組み、祈りのチームづくりに進んでいるさなかに、実は予想外の事態が起こっていた。生島牧師が辞任を申し出たのである。

正式な申し出は、一九七一年九月五日の定例長老会でなされた。新しい伝道のために、カンバーランド長老教会日本教区（GAが日本の群れを「ジャパンプレスビテリ」と認めた際、これを「日本教区」と翻訳し、一九七七年に「日本中会」と改称されるまでの呼称となった）の他教会に転出したいということであった。長老会で論議と祈りが重ねられた末、生島牧師の申し出を了解し、一〇月一〇日の合同役員会で承認されたのち、一〇月二四日に臨時教会総会を開いて生島牧師の転出を受け入れたことが教会員に報告された。

教会員に辞任の思いを伝えた文書の中で、生島牧師はこう書いている。

今年の初夏のころから、私共夫婦は主の求めておられる多くの事を身のまわりに感じ、「或は私共に新しい任地を示しておられるのではないか」と感じて祈り求めていました。九月に入りまして私は次のことを示されました。教会が今迄のうち最も充実している時、一番困難な牧師交代の問題にとりくむべきだ。教会の肢々《えだえだ》である皆さんは、人間的なつながりの中で教会生活を過ごす時代はとっくに過ぎている。もうキリストだけを見つめて御栄えのために一つになって働く力をもっている。私が一五年出来るだけの努力をして伝えた御言《みことば》の中に育てられた皆様は、私から引き離されて、自らの信仰生活を、甘えないで、力強く立つべき時を迎えている。この中で、私自身のことについては、私共夫婦が最大に用いられるべく備えられている場がある、と信じさせられた。教区全体を考えます時、私が一つの教会に長くとどまっていることが、現状では、あまりよくない。教区全体の中で仕えていくことは、高座教会の益ともなる、と信じた。

そこで九月以降、個人的にも、公的にも数度に渡って長老会の方々と話合いました結果、「とても生島牧師がかわることに賛成出来ないが、牧師の申出は承認せざるを得ない」という同意を得ました。一〇月一〇日、長老執事合同の会議も同じ結論になりました。

このころ日本教区には、高座教会、渋沢教会、希望が丘教会、国立のぞみ教会、東小金井教会、成瀬教会が属していた。国立のぞみ教会は、生島牧師と日本基督教団別府教会からの友人で国立で幼稚園を開いていた青柳賢治・素子夫妻が、第三子である長女を生後九か月で失った生島牧師夫妻を慰めるため自宅に招いたことをきっかけにして、高座教会から朝山正治神学生が派遣されて幼稚園の一室で礼拝と教会学校が始められ、一九六六年に設立された。東小金井教会は、牛島牧師との出会いにより、淵江淳一牧師が日本基督教団池袋西教会からカンバーランド長老教会に転籍して、夫妻で六四年に小金井市の借家で礼拝を始めたことから生まれた。またこのころ、渋沢教会では、吉崎牧師のあとを継いだ小林八郎伝道師が三年で退任し、六八年から七六歳の館岡剛牧師が牧会に当たっていた。希望が丘教会では、六一年から神学生として奉仕を始め、その後牧師として牧会を続けてきた竹入悦夫師が、開拓伝道を願って七〇年暮れに辞意を表明し、七一年二月の臨時教区総会で辞任が認められたため、国立のぞみ教会に赴任する予定だった瀬底正義伝道師が四月に着任した。また、前年には、荻窪キリスト教会副牧師を経て日本福音クルセード事務局に勤務していた柳瀬忠司師が教区牧師となって、高座教会に協力するようになり、七一年四月からは、最終学年を迎えた濵崎孝神学生が高座教会で奉仕をしていた。

宣教が拡大しつつも、流動的な様相を呈していた日本教区のなかで、高座教会は生島牧師を送り出す決意を固めたが、この転出の話は進まなかった。この時の転出は、転出先の教会の牧師と交替することであり、牧師間では一応の了解があってのことであったが、結局、先方の役員会（執事会）は牧師を送り出すことを認めなかったのである。

生島牧師の信仰的決断を受け入れて転出を了承した長老会は、この結論を受けて話を白紙に戻し、辞任の承認を取り消し、一一月二八日、教会員への陳謝文で次のように伝えた。

高座教会の希望する生島牧師の転出は不可能となりましたので、この件は高座教会長老会としても白紙にもどし、何事もなかったことに致したいと思います。長老会の一方的な行き過ぎに関して全面的に陳謝致しますと共に、私共の高座教会に生島牧師をふたたび迎えて、現在の組織と行動力をあげて一致協力再出発をすべきであるという事を信仰をもって受けとめるに至りました。教会員の皆様もこの事を一つの飛躍の機会と受取って頂きたく深く祈念したいと存じます。

生島牧師も、お詫びとともに、教会員に自らの思いを伝えた。

私共夫婦も長老たちも執事たちも、門がとざされたことを主の御旨と信じるに至りました。長老会はふたたび私を牧師として迎え、御用に当たらせてくださることを決定して下さいました。私共の一家は喜んで御用を受け、「私と私の家とは共に主に仕えます」という初心に立ち返って宣教活動に全力を尽くして進みたいものと願っています。

この再出発は、生島牧師にとっても、高座教会にとっても、大きな意味をもつことになった。生島牧師は前述の講演のなかで、教勢停滞の責任を感じ、「この教会では、それにふさわしい〝器〟の牧師が来るべき」との思いから辞任を考えていたこと、礼拝出席が減少している時には自分も教会員もみじめになるので、礼拝出席が上向いた時点で辞表を出したことを語ったうえで、こう述べている。

私たち夫婦は、この高座教会に来た時から、「開拓伝道ができたら、どんなにいいだろうか」と、そう思いつづけていたわけです。もちろん、このことは、信徒には話しませんでしたけれども。

このことは、私たち夫婦には、ずーっと心の中にとどまりつづけていました。

そこで私は、この気持ちに対して、これは「神さまから、徹底的なお仕置きを受ける」と、そう思ったのです。

「これではいけない」―この思いでいる限り、「いけない」と、私たち夫婦は思いました。そこで私たち夫婦は、はじめて主に悔い改めをしたわけです。そして、「そのお仕置きを喜んで受けます」と思いました。

悔い改めをした私たち夫婦は、先の方では、牧師の転任があるという事態が起きるかも知れないが、とにかくこの高座教会で、〝いのち〟をかけて奉仕しよう、そしてこの地に骨をうずめようと決心しました。

再出発にあたり、長老会は直ちに「訪問伝道の実践」と「祈りのチームの組織」を七二年度の伝道方針とすることを決めた。牧師の進退問題によって中断されていた訪問伝道への取り組みと祈りのチームづくりの機運に、改めて火を灯したのであった。

生島牧師はのちに、この再出発が、神の側から見ると大事なポイントであったと思う、と述べている。それは、このあとに祈りのチームがつくられていったからであった。生島牧師は吉池牧師の話を聞いて、祈りのチームを推進すれば高座教会は絶対によくなると思っていたが、それは自身が去ったあとに展開されるべきものと考えていたという。しかし、転出の道が閉ざされ、牧師と信徒が再出発の決断をするなかで祈りのチームづくりが進むことになり、それがそのあとの高座教会に大きな意味をもったのである。

なお、牧師の進退問題で揺れていた時に、訪問伝道とアシュラムを伝えたスタンレー・ジョーンズ師が、信徒研修会の講師として高座教会に来訪したことも、不思議な導きであった。八七歳になっていたジョーンズ師は、これが一〇回目の来日で、二か月のあいだに全国で九〇回近くの講演やメッセージなどの伝道活動を行なったが、神奈川県では高座教会だけを訪れ、一九七一年一〇月二一日に「キリスト信徒の使命」と題して説教を行なった。県内と町田市の二九の教会に、長老・執事などが訪問してこの集会の案内をした。ジョーンズ師の高座教会への来訪は、一九五七年以来、二回目であった。

生島牧師は、七二年二月の教会総会にあたって、七一年をふり返りつつ、この集会について言及している。

牧師交代問題は多少の混乱を招いたことで申し訳ないことでしたが、教会全体が改めて、牧師と教会の問題を考え、再認識出来たことは大きな収穫でした。神様はこの年（一九七一）の後半に私共の計画しなかった特別集会をもたらして、この危機の中で霊的な祝福を与えて下さいました。即ちスタンレー・ジョーンズ博士を迎えての信徒研修会です。

また、この少し前に新しいオルガンを設置できたことも、再出発に力を添えたと言えるであろう。一九四七年二月の礼拝から使われてきたリードオルガンは、修繕しても耐用年数の延長が望めず、米国製のため部品交換の費用も多額となることから、一九七〇年のはじめから新しいオルガンの導入が検討されていた。その結果、東洋電子楽器研究所製のクロダトーンを購入することとなり、七一年九月一二日にオルガン献納礼拝を捧げ、一〇月三日に演奏会を行なった。購入にあたっては、特別予算を組み、指定献金を呼びかけたが、予想を超えた多額の献金が捧げられたため、オルガン購入代金一一三万五四二〇円を含めて必要額がすべて満たされ、予定していた五〇〇万円の借り入れを中止している。

再出発の結果、祈りのチームづくりを進めるためには牧師と共に祈る場として牧師館を整える必要があること、また生島牧師が体調を崩して七二年八月に入院したこと、さらに後述する幼稚園の日曜保育によって教会学校の教室が不足するという事情などが相まって、七三年に新しい牧師館を建設することになった。

宣教の働きとしての幼稚園

一九四九年に実質的に開園したみどり幼稚園は、一九五九年に田中清隆が正式に園長に就任し、教会付属幼稚園としての特色を強めていた。

一九六八年七月二八日発行の教会の機関紙『パンくず』は、「新入園児の父母の皆さまえ」というパンフレットにこう記されていると紹介している。

みどり幼稚園の屋根の上には白い十字架が立っております。園児は、毎日この十字架の下を通って、教室に入ります。御存知の通り、高座基督教会の附属の事業として、宗教法人立であります。基督教主義の教育をして、幼き子供のうちから、万物の創り主である唯一の真の神様を礼拝し、キリスト・イエスの愛の精神の実行者として立つことの出来る、ゆたかな智性と、円満な人格を養成し、のびのびとした、創造性を豊かにもった児童に育て、信仰心の芽生えとともに、徳義心の厚い、将来国家社会の有用な形成者となる基礎を養うのを目標にしております。

このような教育は家庭の協力なくしては十分に行なえないとして、入園に際して保護者に聖書・讃美歌を購入してもらい、園との約束を取り交わしてもらった。約束の内容は、園の教育の基本方針に同意し、協力する、家庭では、子どもの祈りを励まし、共に祈り、教会および幼稚園の招きに応じ、「父母の会」には極力出席する、そして幼稚園と家庭とが一体となって保育するという方針にとくに留意し、園児の心身の円滑な発育に努力する、というものであった。

この方針に基づいて、一九六二年ごろから、園児の家庭を地域ごとに大きく分け、組会をつくって聖書勉強会を行なうようになった。さらに、『二〇年史』によれば一九六六年四月から幼稚園「父母の会」に対する伝道として、月一回の礼拝出席、毎月の聖書勉強会への出席を義務づけたほか、組会を新たに八か所設け、平日の午前に各家庭を巡回して聖書勉強会を開くこととなり、逐次実績を上げていった。生島牧師と田中園長が交替して講話を受け持った。

みどり幼稚園の宣教の姿勢は、幼稚園の活動においてだけではなく、教会の働きに対しても積極的に発揮された。六八年五月に、神学生を祈りと献金によって援助するグループがつくられたとき、幼稚園から毎月四五〇〇円の特別献金の申し出があった。さらに同年一一月、礼拝堂建設のためのアメリカのカンバーランド長老教会からの借入金の未返済分九九万余円が、幼稚園からの献金によって全額返済となった。一方でみどり幼稚園は、新園舎建設のためにアメリカのカンバーランド長老教会から七〇〇万円を借り入れた。また、七〇年の特伝では、園長名での案内と園からの具体的な集会案内を出し、特伝前一週間のうち四日間を使って教師がトラクトやチケットをもって各家庭を訪問し、保護者に特伝への呼びかけを行ない、参加者が大幅に増えた。

生島牧師は、みどり幼稚園が教会のなかで重要な宣教の働きを担うようになったのは、園長田中清隆の尽力によるところが大きいと語っている。生島牧師は、子どもたちが在園の時だけでなく、卒園したあとも教会学校につながっていくためには保護者の理解が必要であり、心の問題が大事なことを保護者に伝える必要があると考えていた。田中はその思いを共有し、組会をつくった。また、田中は、幼稚園教師たちが教会の幼稚園としての働きをより積極的に担えるために、牧師による聖書の学びの場を設けたのであった。

田中の姿勢とともに、みどり幼稚園の教師たち全員がクリスチャンで、高座教会のなかでも積極的に奉仕をしている中心的なメンバーであったことも、みどり幼稚園の宣教的性格を強めていた。

そうしたみどり幼稚園の宣教の姿勢を端的に示したのが、日曜保育の実施であった。一九七二年四月から、日曜日を保育日とし、幼稚園での日曜礼拝を始めたのである。それまでみどり幼稚園は、設立当初を除いて、日曜日を休日としていた。しかし、教会付属の幼稚園は日曜日に礼拝をし、土曜日か月曜日を休日とするのが一般的であった。みどり幼稚園の教師たちはキリスト教保育連盟の会合で他の幼稚園を訪れ、日曜日に礼拝を行なっていることを知り、日曜日に礼拝することをいっそう明確に願うようになって、園長の田中に希望を伝えた。

それは田中も願っていることであり、一九七〇年には日曜保育を行なう方向に踏み出した。しかし経営の面から時期尚早とされ、七二年四月から日曜保育を実施することが承認されたのは、七一年八月一日に行なわれた定例長老会兼幼稚園理事会においてであった。この時期に日曜保育に踏み切ったのは、七〇年一月に新園舎が完成し、定員を二八〇名としたことがかかわっていると推察される。

日曜日を保育日とするにあたって、土曜日を休日とした。また、日曜日にさまざまな事情で出席できない園児があることも考慮して、保育日数確保のため、五日間の夏季保育の実施、冬季と学年末休暇の短縮、九時三〇分から一三時三〇分まであった保育時間の九時から一四時までへの延長などの変更を行なった。そして、七二年度の園児募集のための「みどり幼稚園入園案内」には、「日曜日は礼拝に出席するため登園日となります」と記載された。

日曜保育が園児とその家庭、園児募集にどのように影響するか心配されたが、七三年の教会総会におけるみどり幼稚園の現況報告には、「本年より日曜日を礼拝出席とし、土曜日を休日と改めたがその支障は見られず、礼拝出席も七〇パーセント以上である。又募集にも影響なく恵まれた」と記されている。

日曜保育の実施は、これ以降の高座教会に大きな影響を与えた。園児たちが日曜日に礼拝を捧げる習慣がつき、卒園後に教会学校にこれまで以上につながるようになるとともに、子どもを送りに来た保護者が教会の礼拝に出席する道を開いたからである。こうして、みどり幼稚園の日曜保育は、高座教会の爆発的な成長の大きな要因となった。

また、幼稚園の宣教的な姿勢とともに、高座教会の急激な成長につながった外部の要因もあった。それは、幼稚園入園を希望する子どもの数の大幅な増加である。

日曜保育が始まったのは第二次ベビーブーム（一九七一―七四年）のさなかであった。その数年前から出生数は増加しており、加えて幼稚園に入る子どもの割合が一九五五年には二〇パーセントであったのが、このころには六〇パーセントを超えるようになっていた。その結果、一九五五年には四〇万人であった私立幼稚園の園児数は、六五年には八四万人弱、七五年には一七二万人に増加したのである。みどり幼稚園でも、園児の数は六八年の二五三名から七四年には三三六名となった。

評判がよいことも相まって、定員を増やしても入園が難しい幼稚園となっていたために、在園児の母親たちを中心とした教会の集会「ルツ会」に出席すればみどり幼稚園に入れるという話が入園を希望する母親たちのあいだで交わされるようになった。実際に教会員の金丸良江は当時、長女の入園希望を幼稚園の事務室で伝えると、ルツ会に出席すれば入園できると言われたという。すでに幼稚園の組会で母親たちにルツ会への出席を勧めていた園長の田中が、強い宣教への思いから、入園希望者を選別するためにルツ会への出席を求めたことは十分に考えられる。いずれにしても、みどり幼稚園への子どもの入園をめざす母親がルツ会に出席するようになり、そうした人たちは、「めざし組」と呼ばれるようになった。

そもそもルツ会は、在園児の母親たち数名の要望によって、一九六二年ごろに「若婦人会」として始められ、のちに以前からあった婦人会「ナオミ会」との関係で、旧約聖書「ルツ記」にちなんでルツ会と名づけられたのであった。はじめのころは参加者が四、五名という状態が続いた。そのころ牧師夫人生島綾子は、集会の前日に毎回一〇名ほどの母親に電話し、家族の安否を問い、子どもの様子を尋ね、集会の案内をしていた。一九六〇年代後半から七三年まで二〇名前後だったルツ会の出席者は、めざし組の増加や日曜保育の実施などにより急激に増えて、七五年には七〇名を超え、そのなかから二五名の受洗者が生まれた。綾子夫人の努力と忍耐は、この時代になって報いられたのである。

なお、二〇〇二年四月に、ナオミ会とルツ会は合同して「婦人会」となり、婦人会の伝道集会を『ノア会」と名づけるようになった。また二〇一九年七月、婦人会は「女性会」に名称を変更した。

9 ふたたび教会成長の時を迎える

受洗者・礼拝出席者の急増と複数礼拝の開始

久しく低迷を続けていた教勢がふたたび上昇に転じたのは、一九七二年であった。それまで年間一〇名前後だった受洗者・信仰告白者の数が、この年は二六名を数え、以後毎年増え続けることになる。一九七五年、七六年になって年間の受洗者数が六〇名を超えたが、これは年ごとに日本の教会の平均礼拝出席者数を超える教会が一つ生まれるのと同じ状況であった。高座教会の平均礼拝出席者数は、七三年が一四五名、七四年が一七四名、七五年が二三四名、そして七六年には二九三名とうなぎのぼりに増加している。年間の献金額を見ても、七二年は六〇〇〇万円弱であったが、七六年は二三〇〇万円余りと著しく増えているのがわかる。わずか四年間で礼拝出席が二倍に、献金額は四倍近くになるという爆発的な教勢の上昇であった。

この教勢の伸びに寄与したのは何であったのか。さまざまな要因が考えられるが、なかでも最も重要と考えられるのは、「祈りのチーム」の拡張ではないだろうか。一九七二年に一五あった祈りのチームは、七三年には二五を数え、さらに年々増えていく傾向が見られた。会員のあいだに祈りが着実に根づいていったのである。また組織の充実のあらわれとして、役員研修会の質的向上も挙げなければならない。それまでの聖書の学びを中心としたものに加えて、長老教会の歴史や神学、長老教会の教会政治の学びが取り上げられた。これによって長老・執事のリーダーとしての意識が深められたことは間違いない。

一九七二年、濵崎孝神学生が高座教会の伝道師として任職し、生島牧師と礼拝説教を分担するようになった。その年に按手を受け、翌年、協力牧師に就任。これも教勢上昇の一因となった。濵崎師は国立のぞみ教会の教会員で、洋酒メーカーに勤務していたが牧師の召命を受けて会社を退職し、日本聖書神学校で学んだ。のちに高座教会員原郷子と結婚している。「ハマさん」と親しみを込めて呼ばれ、一九七五年まで在職し、座間市栗原へ開拓伝道に出た。この開拓伝道の働きは、のちの「さがみ野教会」へとつながっている。

七三年に牧師館が新築され、生島牧師の健康問題も快方に向かい、新しい牧師館を用いての教会員の交わりが、より機能的にはかられるようになったことも大きなことであった。

翌七四年、それぞれの祈りのチームで育まれた多数の会員たちの祈りはますます高まりを見せ、大規模な集会を計画することになった。大和学園の体育館を会場として借用した「ペンテコステ伝道集会」と「クリスマス讃美礼拝」である。結果はどうであったか。「ペンテコステ伝道集会」は多くの祈りに支えられたものの、当初の目標五〇〇名をはるかに下回る三三一名の出席者にとどまってしまった。このことは教会員一人ひとりに深い反省をもたらし、「クリスマス讃美礼拝」には、より綿密な計画と、さらに熱い祈りをもって臨むことにつながった。一人が少なくとも五人以上の友人・知人に声を掛けようと励まし合って準備した成果か、クリスマスイブの当日、会場は実に一三〇〇名を超える出席者で埋まったのであった。

世代別会の活動も活発となった。一九七五年秋の特別伝道集会は壮年会、婦人会、青年会などが独自に計画し運営したのだが、「のらくろ」で知られた漫画家田川水泡、大衆伝道者として高名な本田弘慈師、文芸評論家で二松学舎大学教授の佐古純一郎といった多彩な講師を招いている。教会のなかでの学びや交わりに終始しがちだった会員にとっては、外に目が開かれた、恵まれた信仰の養いの機会となったことであろう。

一九七二年から始まった教勢の伸びは、教会創立三〇周年を迎えた七七年まで続いた。この間の最も大きな出来事は、なんといっても七五年からの二回礼拝、七七年からの三回礼拝の実施であろう。従来一〇時一五分から聖日礼拝が始められていたが、礼拝堂の収容能力は限界に達していた。執事たちはつぎつぎに入場する礼拝出席者のために通路に折りたたみ椅子を並べるのに大忙しという有様であった。夏には満員で気分が悪くなる人も出るなどで、対策が急がれた。このため七五年四月からは九時と一一時の二回礼拝、七七年四月からは九時、一〇時三〇分、一二時の三回の礼拝が行なわれるようになった。これに合わせて教会学校の時間も変更になり、一・二・三年生は九時から、四・五・六年生は一〇時三〇分から開かれるようになった。

一九七二年から幼稚園では日曜保育が始まっていたが、それまで園児を送ってきてそのまま外で待っていた母親たちが、二回の礼拝が始まったことで降園を待つあいだに九時の聖日礼拝に出席できるようになったことは、教会に非常に大きな変化をもたらした。これにより母親たちが福音に直接触れ、受洗にまで導かれるケースが増えたのである。それればかりではない。今度は夫を洗礼に導きたいと願うようになり、そのために祈り、教会の諸行事に積極的に誘うようになった。高座教会では妻が先に洗礼を受け、その後、妻や家族の導きで夫が受洗に至った例は多く、これはこの教会の特色とも言えるであろう。

そのほか一九七五年に行なわれた主な行事としては、二月の本田弘慈師を招いての「信徒研修会」、教会学校教師のための「教師養成講座」の開催、「訪問伝道」を提唱していた中路嶋雄師を講師として行なわれた「訪問伝道講習会」などが挙げられる。

長老の地区担当制導入

一九七六年には、高座教会が地域の教会として発展していくことをめざして「地区担当長老制」が導入された。このころになると、教会員数の増加にともなって牧師だけでは牧会に手が回りかねるという問題が生じてきた。これを打開しようと長老たちが手分けして牧会に協力する仕組みとして導入されたのが地区担当長老制であった。会員が居住する地域を一一の地区に分け、それぞれに担当長老を置いた。各地区では、長老が中心となって定期的に交わりの会をもつなど、長老が気軽に地区の会員たちの相談にのれる体制をめざしたのである。その後、より効率的な運用をめざして地区の線引きが見直され、教会周辺地域と遠隔地を分けるとともに、各地区の人数が同程度になるように調整された。地区担当長老制は高座教会の牧会のあり方として定着し、さらに長老を助ける地区牧会協力者も任命されるようになり、教会員の礼拝出席に気を配ったり、長期欠席となっている会員に教会の月報や誕生日に手書きの葉書を送るなどのフォローを行なうようになった。これらのきめ細かい働きは、現在も続けられている。

この年の九月には町田公次が教会主事に就任した。教会員数の増加につれて、事務作業も膨大なものになり、担当執事と奉仕者が担っていたそれまでのやり方では限界があった。また多忙を極める生島牧師のスケジュール管理を行なう秘書的業務も必要になり、教職者ではない事務方の専門職を採用することになったのである。町田は原子力関係の仕事に従事していたが、会社を辞めて高座教会の教会主事に転職した。一九九九年に病を得て退職するまで二三年間、主事として働き、後述するように複数牧師による共同牧会時代の教会運営に欠かせない役割を演じることになる。

教育月間が始められたのも、この年からであった。教会学校は在籍者数が小学科五六二名、中学科一二九名、高等科四八名で、奉仕者は教師、メッセージ担当者、事務方あわせ七二名という大所帯となっていた。このため、教室数の不足が深刻になり、旧牧師館（ナザレ館）の横に「ベテル館」、クレメンスホール玄関前に「エマオ館」、さらには「ピリポ館」「『ベルの会』の小屋」「壮年荘」などのプレハブがつぎつぎに建てられた。かつて雑木林の面影を残していた教会の様相も変わっていった。

大礼拝堂の建設を宣言

一九七七年、教会創立三〇周年を迎えたこの年、高座教会は「カンバーランド長老キリスト教会高座教会三十周年記念宣言」（以下「三〇周年記念宣言」）と「カンバーランド長老キリスト教会高座教会大礼拝堂建設宣言」（以下「大礼拝堂建設宣言」）を高らかに宣言し、あわせて『三〇年史』を発行した。一九七二年以来の教勢の伸びを受けて、二回礼拝、三回礼拝と工夫しながら礼拝を行なってきたが、全会員が一堂に会して礼拝できる大礼拝堂を誰もが望み、夢見るようになっていた。またそれは、主の御心にも適うことだと思われた。

カンバーランド長老キリスト教会高座教会大礼拝堂建設宣言

宣教三十周年を迎えた年にあたり、わたくしたちは罪のなわめから解放され、どのような環境の中にあっても真の自由、希望と愛とを与えられていることを確信し、喜びに溢れつつ、次の宣言を行ないます。

一、イエス・キリストから命じられた宣教の業に励み、住まわされているそれぞれの地域に福音をあまねく宣べ伝えます。

二、イエス・キリストを救い主と信ずる人々が、一緒に主日礼拝を守れる大礼拝堂を主が高座教会に与えて下さることをも信じます。

三、大礼拝堂は、わたくしたちの信仰告白であることを確認し、み心にかなった応答を自らに求めます。

一九七七年五月二十二日

カンバーランド長老キリスト教会高座教会

以前から「新礼拝堂のために」と指定献金を続けていた会員もいたが、この年からそれは「大礼拝堂特別献金」として、通常会計とは別の特別会計となった。

活発でユニークだった諸活動

教勢の伸展につれて、教会内にさまざまな新しい活動が生まれてきた。その中でもユニークな働きを見せたいくつかを紹介してみたい。

【パンくず】

教会の機関紙で、増加する教会員間の結びつきが薄れ、連絡を密にする必要が感じられて、一九六八年から発行された。それまで、説教と集会出席者数の報告などを記載したB４判一枚の同名の印刷物を年に数回発行していたが、教会行事のニュースを中心とする月一回発行の新聞に生まれ変わった。教会の広報としては、週報のほかには聖日礼拝のあとに各会の代表が前に立って直接会員に語りかけるしかなかったが、新聞としての『パンくず』の誕生によって、写真入りで行事の報告や証しなどを伝えられるようになった。連載コラムのほか、「靖国問題を考える」などの特集を組んだりもした。高校時代新聞部に属していた経験がある町田公次を中心として何人かの青年が集まり、取材に出かけて自分で記事を書き、夜遅くまで編集作業が続くこともしばしばであった。外部で行なわれる修養会を訪ねて取材したり、次回の特別伝道集会に予定されている講師の自宅を訪問してインタビュー記事を載せたりもした。コラムは生島牧師の「ことば」をはじめ、宮崎道弘が「角笛」を、聖歌隊指揮者の松山益二が「教会音楽の歴史」を執筆・連載した。「靖国問題」に関しては六回にわたって特集記事を組んでいる。「靖国神社法案」が国会に上程されようとしている時に、この法案が平和憲法に違反し、憲法が保障する信教の自由を危うくするものだといち早く警鐘を鳴らしていた。なんとか月一回の発行を守りたいと、印刷所まで出張校正に出かけたこともあった。ある時『クリスチャン新聞』が取材にきて『パンくず』の活動を紙面に紹介してくれた。その見出しを見ると「将来は地域のオピニオンリーダーに」とあり、それくらいの意気込みを感じさせるだけの熱気があった。

一九七四年にオフセット印刷機が導入されてからは教会内で印刷ができるようになり、やがて八四年から広報活動としての使命は月報『地の塩』へとバトンタッチされたのであった。

【ベルの会】

一九七三年に若者たちを中心に「ベルの会」が発足した。そのきっかけは「礼拝の説教を病床の方に届けたい」という思いをもつ有志によって一台のテープダビング機が購入されたことであった。聖日礼拝の説教の録音と販売、諸集会の録音テープの貸し出しなどを行なった。のちには「声の週報」としてカセットテープを購入してもらった人たちに「ベル・ニュース」という番組を毎週ダビングして配布した。会を立ち上げる際に、この活動の大切さを早くから主張していた鈴木裕一は、さまざまな機会に「ベルの会」「ベルの会」と連呼していたため「ベルさん」という愛称で呼ばれるようになり、やがてそれが定着してしまった。「ベル・ニュース」の内容は、教会の活動を取材したニュースやトピックス、教会員の家を訪問して話を聞く「教会員を訪ねて」、生島牧師夫妻の近況を紹介する「牧師館だより」などで、利用者は毎週テープが届くのを心待ちにしていた。「ベルの会」はまた「ベル座」なる伝道演劇活動も行なった。演し物は「赤毛のアン」、配役はアン＝加藤由美子、ダイアナ＝内山洋子、マシュー＝石田博志、マリラ＝梶原（安士）典子である。とくに主役のアンは熱演であった。

「ベルの会」活動に参加した若者たちには、将来ＦＭ電波を使った放送伝道を実現したいという壮大な夢まであった。鈴木の良き協力者として働き、若くして天に召された菰田富夫をはじめ、大勢の奉仕者に支えられたベルの会の活躍は一二年間にわたった。

【壮年会】

「壮年会」の働きも、特筆されてよいものであった。そもそも日本の教会において、婦人会や青年会の活動はあっても、男性壮年層が一つの世代別会として組織されること自体まれなことであったかもしれない。一九六九年に壮年層がグループとしてまとまり、七〇年に奥湯河原「青らん荘」ではじめて壮年だけの修養会を行ない、七二年には月一回の早天祈祷会と昼食会の奉仕を行なったことが記録されているが、正式に発足したのは七五年のことであった。広範な祈り会活動のなかで壮年層にも「はげまし会」「ヨシュア」「アロエ」という三つの祈り会が生まれていて、この三つが合同するかたちで壮年会が誕生した。「はげまし会」の高橋昭二が初代会長となり、修養会が丹沢で行なわれている。以後ほとんど毎年修養会は行なわれることになるが、毎回壮年会なりの工夫をこらした会が計画された。

〈修養会〉 姉妹教会である希望が丘教会や渋沢教会、成瀬教会などの礼拝堂や幼稚園の施設を借りて行ない、それぞれの教会の壮年たちにも共に参加してもらった。石川島研修センター、小田原のアジアセンター、トーチベアラーズ山中湖なども会場として、はじめは壮年だけの集まりをもっていた。その後、家族そろっての修養会ができないかと考え、丹沢ホームや七沢温泉や富士ケ嶺クリスチャンセンター（ＦＣＣ）などを会場に「クリスチャンホーム修養会」と銘打つ集まりも行なわれた。鱒釣りやゲームなど、子どもたちも一緒に家族ぐるみで楽しめるプログラムを用意した。これはその後「神の家族キャンプ」と名を変えて、三浦海岸や田貫湖、忍野八海の民宿を会場として行なわれ、多くの参加者があった。田貫湖でのバードウォッチングと「五つのパンと二匹の魚」の朝ごはん、三浦海岸での地曳網など、いつも目玉企画があったのも壮年会らしかった。

〈映画伝道〉 一六ミリフィルムを借りてきて映画による伝道集会が何度か開催された。「炎のランナー」「十戒」「サウンド・オブ・ミュージック」などを上映するために、会員の多くがポスター制作や会場準備に携わった。「十戒」の時には、長い映画だったので、休憩時間に向かいの中華料理店「王府」にラーメンを注文し、会員が岡持ちをリレーで運んだこともあった。

〈食へのこだわり〉 ラーメンと言えば、修養会の夜には恒例の「ラーメンツアー」があり、またある時にはラーメン店から材料を買い、道具をすべて借り受けて、修養会会場で調理して参加者にふるまったこともあった。とにかく食へのこだわりのある壮年会だった。「教会園遊会」では、竹をとってきて二つに割り、樋をつくって「流しそうめん」を行ない、大好評を博した。クリスマスには焼肉の道具を手作りして、大きな肉の塊を火の上でグルグル回して焼きながらナイフで薄くそいで提供したこともあった。極めつけは「ディナーの夕べ」であろう。婦人会のメンバーとノンクリスチャンの夫をカップルで招いて食事を共にしながら交わりをもつ催しで、これも数回開催した。浅草の合羽橋まで食器やナイフ・フォークの調達に出かけ、メニューは西洋料理のシェフだった教会員山田忠一による本格的なものであった。一つのテーブルに一人の壮年会員がウェイターとしてつき、ワイシャツに黒い蝶ネクタイでサービスするという凝った演出で行なわれた。

〈SNF（サタデーナイトフェロシップ）〉 二〇〇〇年に松本雅弘牧師の提唱で始まった求道者のための会で、当初は毎月一回土曜日の夜に行なわれていた。牧師のメッセージだけでなく必ず壮年会員が一人証し者として立てられていた。途切れることなく順番で行なったので、ほとんどのメンバーが一度はＳＮＦでの証しを経験した。礼拝のあとは毎回コーヒーとケーキが出され、テーブルに分かれて話し合いの時をもった。クリスマスには「ファミリークリスマス」として世代別会の枠を超えて集まり、持ち寄りの食事、手作りのクリスマスケーキを囲んでさまざまな賛美を楽しむことができた。

〈ウォーキング〉 ＳＮＦの証しのなかで、教会員の奥井嘉朗が自らのウォーキングの経験を語ったのをきっかけに、そんなに身体によいのなら皆で歩こうではないかと実現した企画であった。春・秋の二回ほど弁当をもって出かけた。箱根、江ノ島、鎌倉、横浜、三浦半島など、実にいろいろなハイキングコースを歩いただけでなく、東京の下町を数か所訪ねたこともあり、月島では「もんじゃ焼き」を食べた。

そのほか、主日の朝、香り高いコーヒーと朝食を共にしながら交わった「メンズ・ブレックファスト」、今井一幸宅と細貝君康宅を交互に会場として行なった「ときの会」、求道者も含めた若い夫婦と子どもたちが食事を共にしつつ交わる「ＧａＰ21」を側面から支えたのも壮年会であった。教会全体に勢いがあったからこそ、これほど多彩な活動ができたのだとあらためて思わされる。

【ナザレ児童図書館】

現在でも活動が続いている「ナザレ児童図書」が生まれたのは、一九七八年のことであった。以前から子どもたちに良質な本や絵本を読ませたいと願う人たちのあいだで話し合いが重ねられており、ナザレ館の一部屋を利用して児童図書館を開設することができ、「ナザレ児童図書館」と名づけられた。子育てを終えた教会員の家庭から児童書の寄贈を受け、教会予算からも新刊書を購入して七〇〇冊ほどの蔵書でスタートした。

本の貸し出しだけでなく、毎月一度もたれた「おはなし会」では、絵本の読み聞かせや人形劇、影絵など趣向をこらした催しが行なわれた。「クリスマス会」「たなばたの会」「焼いも大会」と大人と子どもも共に楽しめるイベントも計画された。このような催しの評判を聞きつけてクリスマスの時期に教会員の家庭を開放して行なわれていた「地域子どもクリスマス」からも声がかかり、出張して人形劇や影絵を行なったこともあった。ある年には文京区立千石図書館司書であった教会員芦原道江から、払い下げ児童図書が三〇〇冊以上寄贈され、ますます蔵書は充実していった。

その後、ナザレ館の取り壊しによって児童図書はプレハブの建物の一室に移り、一九八一年、仮礼拝堂の建設にともないその一角に移設された。さらに「ヨベル館」の一室にあった時代を経て、現在は「シャローム館」に置かれている。

ナザレ児童図書は、子どもたちに本の面白さを教えるだけでなく、聖書に親しむ準備段階として神を伝えることをも担っている。また、本を通して親子がふれ合い、良い関係を築けるようにというのも関係者の願いである。この大切な働きは、年々多くの奉仕者が引き継ぎながら、いまも続いている。

10 大礼拝堂建設をめざした時代

「成人教育」の開始

教会創立三〇周年を迎えた一九七七年の翌年から、石塚牧師をブラジルへと送り出した一九八六年までの期間を概観してみよう。

一九七八年の大きな出来事と言えば、「成人教育」の開始と豊留真澄牧師を招いて行なった「心と心の伝道」講習会であろう。これまで教勢の進展に寄与してきた「祈り会」の活動であったが、このころになると、グループによっては、リーダーの強すぎる個性に引っ張られるという問題が起きていた。教会全体の一致という面で心配が出てきたのである。このため、教会員全体が同じテーマで学ぶことも大切なのではないかと見直しの動きがあり、「成人教育」が始められたのであった。成人教育は教会員全員が学びに参加することを目標に、毎年さまざまなプログラムを工夫しながら続けられた。

「心と心の伝道」には一〇五名もの教会員が参加して、講師を囲んで熱心に学んだ。それは参加者各人が福音を伝えたい人物を決め、実際に聖書を携えてその人を訪ねて個人伝道を行なうという今までにない方式だったが、「その人の電話番号を指でダイヤルできたらそれはもう一つの勝利です」という豊留師の言葉に励まされて、多くの教会員が実践した。友人や家族の救いを私たちはどれほど熱望して祈っているだろうかという問いを、一人ひとりに突きつけられるような体験であった。

この年には、協力牧師であった濱崎牧師が開拓伝道に出たあとを受けて、石塚恵司神学生が伝道師として任職し、八〇年には牧師となって生島牧師を助けることになった。石塚牧師は、一九六八年以来生島牧師の働きを助けていた大久保和子牧師助手と七九年に結婚し、和子はこれを機に退職して牧師夫人としての働きに専念することになった。石塚牧師夫妻は、生島牧師夫妻に倣って家庭を開放し、やがて石塚牧師館の食堂はいつも若者たちでにぎわうようになった。

一九七九年には前に触れた「地域子どもクリスマス」が始まり、以後毎年続けられることになる。地域の子どもたちへの絶好の伝道活動として重視された。

この年の「成人教育」では、『聖書のあらまし』を皆で学んだ。これは旧約編と新約編の二冊からなり、発行は日曜学校助成協会であった。もともと教会学校の生徒たちに聖書を教える手引きとしてつくられたものである。たとえば「創世記」とか「マタイによる福音書」という聖書の各書を四ページほどで要約したもので、これを読むと、とにかく聖書全体をひと通り概観できるようになっていた。大人にとっても、これから聖書通読に挑もうと志したり、さらに詳しく聖書を学びたいと願っている人にとっての入門書で、成人教育最初のテキストとして選ばれたのであった。

翌一九八〇年の成人教育には二〇〇名の参加があり、『カンバーランド長老教会信仰告白』(一八八三年版)がテキストとして取り上げられた。

また、この年の特筆すべき活動として、学生と神学生が協力して行なった「訪伝'80(エイティー)」があった。春の数日、チラシをもった学生たちが教会周辺の家々を訪問して伝道集会の案内をした。友人や地域の若者を迎えての集会では、二人の神学生が賛美と証しを務めた。学生の一人ひとりが主の証し人としての自覚を深めることができた企画であった。

一九八一年には「老人伝道集会」が初めて計画されている。歌謡曲「支那の夜」や「夜来《イエライ》香《シャン》」で名を知られ、福音歌手となっていた胡美芳を講師として招いた。翌年にも同じく胡美芳を招き、この年から大和市福田にある養護老人ホーム「敬愛寮」(現「敬愛の園」)の人たちを招待したこともあり、出席者は三七八名にのぼった。「老人伝道集会」は八三年、八四年も同様に胡美芳を招いており、どちらも四〇〇名を超える参加者を数えた。

またこの年には公所《ぐぞ》で、子どもたちを対象とした「ラミークラブ」が始まっている。この子どものための集いが一九八四年には教会学校「公所分校」となり、その後、九二年の「公所大人の礼拝」を経て、九四年に日本中会の「田園キリスト伝道所」として高座教会から独立した。

現在の田園伝道教会である。

仮礼拝堂の建設

一九八一年一二月、新しい礼拝堂が完成した。翌年の献堂式に先立ち、一二月二〇日にクリスマス聖日礼拝、二四日にクリスマス讃美礼拝が新しい会堂で捧げられた。

この礼拝堂は当初、将来建設されるであろう大礼拝堂までのつなぎの建物と位置づけられていた。一九七七年から旧礼拝堂では三回礼拝が捧げられていたが、どの回も満員であり、大礼拝堂の完成前に、仮の建物でもよいから会員が一堂に会することのできる礼拝堂が求められたのである。敷地として、カンバーランド長老教会日本中会の所有していた教会隣接の土地が譲渡されることになり、建設が始まった。

設計者である教会員千葉庄平のアイデアで、大礼拝堂が完成した暁にはこの建物は二階建ての教育館として転用できるようになっており、そのための基礎もあらかじめ敷設してあった。はじめは床を打つか打たないかが議論されるくらい仮の建物に徹する考えもあったが、結果的に簡素ではあっても五〇〇名以上を収容でき、暖房や放送設備などを備えた礼拝堂が完成した。そして翌一九八二年には、高名な羽鳥明牧師を迎えて「献堂記念大伝道集会」が行なわれた。「新しい人生」と題して力強いメッセージが語られ、出席者は五〇〇名近くに達した。

新しい礼拝堂の運用にともない、聖日の礼拝は午前二回と、新たに夕礼拝を行なうことになり、旧礼拝堂は「エルサレム館」と名を変え、主に教会学校の施設として使用されるようになった。

エルサレム館はその後一〇年以上、貴重な施設として用いられていたが、一九九五年に起きた阪神・淡路大震災によって被災地が惨状を呈した事実にかんがみ、大勢の子どもたちを預かる教会学校の施設として安全点検したところ、老朽化のため、万一の場合倒壊の恐れがあるとの診断が下った。存続を望む声も多かったが、子どもたちの安全が最優先であるとして、エルサレム館はついに取り壊された。これにより、代替の施設として、大礼拝堂に先行するかたちで教育館が建設されることになった。教会創立五〇周年の一九九七年に竣工した教育館は、旧約聖書に記されている五〇年目の解放の年「ヨベルの年」にちなんで「ヨベル館」と名づけられた。

ヨベル館を設計したのも千葉庄平であった。千葉は、みどり幼稚園の数次の改築にも設計者・工事監督者として携わったばかりでなく、教会と幼稚園の施設全般の維持管理にも献身的に腕を振るった。

大礼拝堂とそれに併設された教育館という青写真に始まり、大礼拝堂建設にともない仮礼拝堂を教育館に改築するという第二のプランが続き、最終的にヨベル館を先行建設するという具体案まで、建設計画は少しずつ変化していった。この段階では、一九七七年の「大礼拝堂建設宣言」の精神は変わらないものとされていた。けれども、当初仮礼拝堂と呼ばれていた建物は、後述するように、その後、大幅な改修を加えられて、パイプオルガンを備えた現在の礼拝堂に生まれ変わることになるのである。

「四・五集中講座」

成人教育では、新しい試みとして一九八二年に「四・五集中講座」が始められた。ふだんは祈り会のメンバーとして聖書を学び、祈り合っている教会員が、四月・五月の二か月間にわたり、いくつかの講座の中から一つを選び集中的に学ぶという画期的なものであった。コースは六つあったがどれも充実した内容で、教会員一人ひとりが聖書の知識を増し加えるとともに、豊かな恵みを得る機会となった。参加者は二〇〇名を超えた。講座内容と講師は次の通りである。

・基礎コース　①「聖書のあらまし」　石塚惠司
　　　　　　　②「信仰告白」　生島陸伸
・選択コース　①「家庭生活とあかし伝道」　岸義紘（青年宣教ミッション）
　　　　　　　②「聖書の読み方」　岡村民子（元フェリス女学院大学教授）
　　　　　　　③「ヨハネ黙示録の学び」　山口昇（元共立聖書学院院長）
　　　　　　　④「長老主義教会とは」　丸山忠孝（東京基督神学校校長）

四・五集中講座は一九八四年まで行なわれ、堀越暢治（日本基督長老教会四日市教会牧師）、小畑進（日本基督長老教会杉並教会牧師）など、いずれもキリスト教界では高名な講師が毎年招かれた。

また、この年から秋に「子ども祝福式」が行なわれるようになった。子ども祝福式は当初、一一月一五日に行なうことになっていたことでもわかるように、「七五三」の祝いに代わるものを教会でも提供しようという意図があった。たとえば、教会に通っている子どもたちであっても、ノンクリスチャンの祖父母であれば、孫に七五三の祝いをさせたいので、結果的に神社に詣でることになる。これに心を痛めたクリスチャンの親たちの要望もあって、教会でも子どもたちの成長を祝う行事を計画することになったのである。のちに、子ども祝福式は主日共同の礼拝の一つとして行なわれるようになって毎年継続され、現在では「成長感謝礼拝」として定着している。

11 「ブラジル集会」の誕生

佐々木三雄一家のブラジル移住

一九八〇年代には、それ以降の高座教会の歩みを大きく左右するいくつかの動きがあった。その一つがブラジルに牧師を派遣するようになったことである。

高座教会とブラジルとのつながりは、教会員佐々木三雄とその家族のブラジル移住から始まった。一九五九年一二月、佐々木一家は横浜から船に乗り、地球の反対側ブラジルへと旅立った。佐々木三雄と息子の理雄《ただお》はその年のイースターに受洗。妻のなほは五年前に受洗していた。四〇日の船旅のあいだ、三雄はかの地に着いてすぐに礼拝がもてるようにと祈り、また教会員名簿を開いて一人ひとりの名を挙げて祈り続けたという。これはブラジルに着いてからも毎日の習慣となった。そして理雄は、讃美歌の伴奏ができるようにと日本から持参したオルガンの練習に励んだ。

ようやくブラジル東北部バイア州マッタ・デ・サン・ジョアン郊外のジョタカ入植地に到着した一家を待ち受けていたのは、過酷な自然と慣れない農作業の毎日であった。しかし後戻りは許されなかった。彼らはひたすら開拓に打ち込んだ。

やがて佐々木は入植地の子どもたちが日本語を忘れないようにと「日本語学校」を開き、大人のためには日曜日の礼拝を始めたのであった。そこでは三雄が聖書にちなむ講話を行ない、理雄がオルガンを弾いて皆で讃美歌を歌った。三雄は入植地で葬儀があればその司式を行ない、そのつど聖書からのメッセージを伝えた。一九七三年に現地を訪れた吉﨑忠雄牧師によって佐々木三雄は長老としての按手を受け、高座教会のブラジル在住長老となった。

一九七五年の現地からの報告によれば、この年六名の受洗者が新たに与えられ、会員数は二七名となっている。邦人やブラジル人の教職者が交互にジョタカを訪れ、洗礼式で奉仕したり、講演会、イースター、クリスマス、運動会などの行事に協力した。さらに羽鳥明師のカセットテープなどを携えて戸別訪問を行なうなど、生き生きとした活動の様子がうかがえる一方、すでにこのころから長老を助ける人材の必要性が徐々に高まりつつあった。七八年の佐々木からの手紙には、高座教会から送られた矢内原忠雄や三浦綾子の著作、水野源三の詩集などへの感謝が述べられている。

牧会者の要請

「ブラジル集会」のリーダー佐々木は、日本中会三〇周年の一九八〇年春に夫人とともに日本を訪問することになった。二一年ぶりの里帰りであった。

佐々木の訪問を控えた四月の定例長老会において、ブラジル集会は高座教会のひとつの肢《えだ》であるにもかかわらず、その群れに対する牧会的配慮に大きな欠けがあるのではないか、という問題提起がなされた。この時は活発な意見の交換があったものの結論に至らず、継続審議となった。

佐々木夫妻の訪日は、高座教会の会員にとって、直接現地の様子を聞くことのできた初めての経験であった。佐々木の話術の巧みさも相まって、教会員のあいだでブラジルへの関心がそれまでになく高まることとなった。

日本滞在中の五月、佐々木は丹沢のユーシンロッジで行なわれていた壮年会修養会に参加し、早天礼拝でブラジル集会の様子を熱く語った。そして、できれば神学生を送ってほしいという希望を述べた。自宅の裏にヤシの木を植えたので、実がつくようになれば、それで神学生を養うことができると断言した。

六月、佐々木は定例長老会に招かれて現状報告をしたが、この時もヤシの木で神学生を養えると語った。さまざまな意見交換ののち、「ブラジル集会」という従来の呼称を「高座教会海外伝道部ブラジル集会」としたいという提案が佐々木の口から飛び出し、議論の末にこの呼称が承認された。
二か月にわたる佐々木夫妻の訪日について、一九八〇年の『高座教会活動報告』のなかで、生島牧師はこう記している。

海外伝道地ブラジルから佐々木御夫妻を通して直接の声が聞かれて私たち励まされたことです。今も私たちの経験しない戦いが彼の地において戦われていることをおぼえたいのです。祈りの応援とともに、私たちの教会の中にも支援の組織が必要なのかも知れません。将来伝道者を送りたいものです。

一九八三年、日本中会は前年に続いて石塚惠司牧師をカンバーランド長老教会の総会（ＧＡ）代議員に選出した。せっかくアメリカまで行くのだから、少し足を伸ばしてブラジルを訪問してきたらどうかという意見が出て、一月の定例長老会において石塚牧師をブラジル訪問に送り出す提案がなされたが、それは実現せず、翌々月の三月定例長老会で「ブラジル集会検討委員会」の設置が承認された。
ブラジル集会検討委員会を通してブラジルとのやり取りが行なわれるなか、今度は生島牧師のブラジル訪問が必要だという意見が出た。一九八四年二月にブラジルの佐々木から、生島牧師の訪問時期を教えてほしいという問いとともに、自分が牧師ではないため洗礼・聖餐式ができないので、その資格が与えられないか検討してほしいという願いが表明された。これを受け長老会は、佐々木に牧師の資格を与えるよう中会に申請し、資格取得のために研修の機会をもつことはできないか確認することを決定した。

しかしその後、佐々木の牧師への道を探る話は進まなかった。こうした事態のなかで、長老会は一九八四年一〇月四日から一一月六日にかけて二八日間、生島牧師をブラジル集会に派遣することを決定した。

生島牧師は次男の嗣《ゆずる》とブラジルを訪問して現地の問題を肌で感じ、異文化社会で孤独になりやすい邦人たちにはキリストにある平安がことさらに必要だとの認識を深くし、牧師のいない痛み、宣教師がほしいと願う心の叫びを感じて帰国した。生島牧師のブラジル訪問報告によって、聖書が一家族に一冊もない状況をふまえて、現地の青年たちを研修の場に送り出すプログラムの検討など、緊急に牧会的配慮を必要とする問題が多くあることが共有された。こうした状況のなかで、一九八五年一月の定例長老会は「ブラジル集会委員会」の設置を決定した（六月には「ブラジル集会連絡委員会」と改名された）。

この年、生島牧師は佐々木から、宣教師を送ってほしいと何度も言われたという。四月から渋沢教会で研修していた松本雅弘神学生（現在の高座教会担任牧師）は、東京基督神学校の同級生で高座教会で研修していた滝田新二神学生（のちに片柳福音自由教会牧師）から、「松本君の今度の任地はブラジルだよ」と聞かされた。そのうちにブラジルの佐々木から手紙が来て、将来働き人を必要としており、ヤシの木を用意しているので、夫婦二人の写真を送ってほしいと伝えられたため、松本神学生はこの時、自分がブラジルに行くことを長老会で話し合っているのかもしれないと感じた。

石塚恵司牧師の派遣

牧師となって六年目の石塚恵司牧師も、佐々木からの手紙を受け取っていた。石塚牧師からのクリスマスカードへの返信の最後に「宣教師のことよろしく御配慮賜ります」と書かれていた。石塚牧師はそれまで誰かが宣教師として送られたらいいと思いながら祈っていたが、佐々木の健康状態が思わしくないことを知り、手紙のこの言葉を見て、自分が行くべきだという召命感を抱くようになったという。

一九八六年一月一三日、石塚牧師は生島牧師にブラジルへの召命を打ち明けた。生島牧師は驚いたが、三日後に石塚牧師の変わらぬ意志を確認し、その翌日に生島牧師・石塚牧師・阿部恵伝道師（前年に伝道師となり、この年に牧師に就任した）・町田教会主事で臨時の職員打ち合わせを行ない、長老会に石塚牧師のブラジル派遣を提案することを決定した。そして一月一九日に開かれた臨時長老会で審議された。

しかし新しい年を迎えた教会は、まさに一九八六年の活動方針にそって歩みはじめたところであり、また教会が大規模化を続けている状態にあって複数の牧師による「共同牧会」について議論してきたさなかに、牧師の一人を派遣することは簡単に決められることではなかった。提案は二月九日の定例長老会で引き続き審議され、日本中会との関係、カンバーランド長老教会伝道局との関係、財政面の課題など、さまざまな角度からの意見が出された。そして最終的に、ブラジル集会は高座教会の一部であり、大和市とその周辺の一一の地区と同等の牧会がなされるべきとの認識に収斂していった。
この時の長老会議事録によると、審議の最後に生島牧師はこう語った。

佐々木長老と一年半ほど前に現地で会ったとき、彼はさかんに牧師を送ってほしいと言っていた。その時、私は高座はまだ牧師が足りないで困っていると言った。彼は高座は牧師が二人いるのに困ったと言い、ブラジルは一人もいないで困っているのだと言われて、うなってしまった。今度、ブラジル集会へ牧師を派遣することは、高座教会は二人で出来るのかという心配はあったが、長老と協力し、足腰を強くし、アンテオケの教会のようになっていくのではないかと思う。
このことを石塚牧師一人の召しではなく、長老全体の召しとして決意表明した後、一歩一歩進めたらどうか。決意を起立で表明していただきたい。まず石塚牧師に立っていただき、次に長老の一人ひとりが自らの召しとして決意されるならば立ってください。その後で一人ひとり祈りましょう。

この生島牧師の呼びかけにまず石塚牧師が起立し、続いて長老全員が起立して応え、石塚牧師をブラジル集会に派遣することが承認された。そして、「輪になって、互いに手を取り合って一人ひとりが祈り、このことが神様の御旨であることを確認しました」と月報『地の塩』は伝えている。

こうしてブラジル集会を高座教会の地区牧会の一つに位置づけ、それを踏まえて、「ブラジル集会」の呼称を「一二地区（佐々木長老担当）」とし、以後、高座教会に奉職する教職者は誰でもブラジルに赴任することがありうることになった。

この年の暮れまで石塚牧師は運転免許の取得にはげみ（何しろバイア州だけで日本全土よりも広い面積である）、和子夫人ともども上智大学に通ってポルトガル語の修得に努めた。「ブラジル集会（一二地区）委員会」と現地との手紙のやり取りは数十回に及び、あらゆるつてを頼って、一日も早く石塚牧師一家をブラジルに送るための手筈が整えられていった。

一二月一八日、石塚牧師一家はブラジルに向けて成田から飛び立った。石塚牧師にとっては、まだ小学生だった二人の息子の教育問題、日本に残る両親の病気など、さまざまな不安を抱えての旅立ちではあったが、当初神学生を希望していたブラジル側にとっては、牧師が家族を引きつれてやってくることは望外の出来事であったと思われる。佐々木はのちに「まさか牧師を送ってくるとは思わなかった」と語った。

石塚牧師を迎えた一九八七年のブラジル一二地区の様子が、翌年の『「定期教会総会」資料』にこう報告されている。


聖霊に送り出されて一二地区の牧会がスタートしました。インフレ、治安の悪さ、子どもたちの教育の問題、語学の問題など石塚先生御一家を取り巻く状況は大変厳しいものがありました。しかし神様の御守りのうちに、一つひとつ整えられて牧会をスタートすることができました。ジョタカでの礼拝、その後の教会学校、サルヴァドール市内での集会、家庭集会など、多くの集会をもつことができました。

石塚牧師一家はその後、安全面への配慮や若者の多くが移り住んでいることなどからサルヴァドール市内に居を定め、日曜日ごとに中会からの献金で購入したワゴン車に乗り合わせてジョタカに通った。石塚牧師はこう述べている。「教会の使命は何でしょうか。何ができるでしょうか。何をするように求められているでしょうか。主の私たちに対する期待は何か、身が震える感動を覚えます。祈り考えさせられる毎日です」(一九八九年『「定期教会総会」資料』掲載「一二地区(ブラジル集会)報告」)。

ジョタカから一〇〇〇キロ以上離れたポスト・ダ・マッタの地で教会員の大天百々代《だいてんももよ》が一人で始めた教会学校を支援したり、離れて暮らしている日系人クリスチャンを訪問して聖餐式を行なうなど、石塚牧師の活躍の場は広がっていった。その反面、ポルトガル語しか解さない日系人がしだいに増えていく現状が、課題として浮上しつつあることも事実であった。

一二地区担当牧師の任期は一期三年で、二期まで継続できると決められた。石塚牧師は二期目も務めていたが、一九八九年に父親の石塚司農夫が召されたことで、任期途中で帰国することとなった。後任として阿部恵牧師が選ばれ、その年の一二月にブラジルに渡り、石塚牧師とのあいだで引き継ぎが行なわれた。家族も翌年現地に到着した。阿部牧師は任期中、ブラジル集会が宗教法人「マッタ・デ・サン・ジョアン・カンバーランド長老教会」となるために尽力したが、石塚牧師と同様に任期の途中であった一九九四年に、健康を害して帰国した。

阿部牧師の病による帰国は高座教会に衝撃を与えた。ブラジル集会を長年担当してきた長老千葉庄平が一九九一年にブラジルを訪問したおり、阿部牧師より二期目も引き続き一二地区牧会を担当したいという意思が表明され、佐々木長老からも阿部牧師の再任の希望が出されたので、小会は続投を承認していた。しかし、一九九三年、二期目の任期が始まった秋ごろから阿部牧師は健康を害し、体調のすぐれない状況が続いていたために日本で適切な治療を受けることが必要と判断され、翌年六月に一家は緊急帰国することとなったのである。

その後、小会と阿部牧師とのあいだでブラジルにおける今後の牧会などについて話し合いが重ねられていたが、一二月に至り阿部牧師から「辞職願」が提出されるという事態になった。このことがあってのち後任の牧師を派遣するという議論がほとんどされていないのを見ても、衝撃の大きさが推察できる。地球の裏側に牧師を派遣し、地区牧会の一つとして位置づけ、担当牧師をローテーションで送るという手法がいかに難しい選択であったかを示す結果となってしまった。

12 女性長老選出に向けて

松本雅弘青年の転入会

一九八三年、一人の青年が高座教会に転入会してきた。松本雅弘というその青年は、牧師として献身したいが所属していた教会では献身者を育てられないと言われ、受け入れてくれる教会を探していた。学生時代、キリスト者学生会（ＫＧＫ）の活動を通じて高座教会員の今井俊夫や中山徳子と親しくなり、そのつてで生島牧師を紹介され、転入会を勧められたのであった。

しかし神学校受験の推薦を得たいと願って臨んだ長老会の面接では、転入会直後の「見ず知らず」に等しい青年を責任をもって推薦できないとの理由で推薦願いは却下されてしまった。結局、松本は一年間アルバイトをしながら教会での奉仕に励み、翌年晴れて献身者として受け入れられ、東京基督神学校に合格して日本中会神学生になることができた。この時、中山徳子と結婚し、二人は神学校の家族寮で暮らしはじめた。

徳子は外国為替専門銀行で働きながら夫の学びを支えていたが、のちに丸山忠孝校長の勧めもあり、退職して神学校の授業を夫と共に聴講するようになった。神学校を卒業した松本は、一九八七年に伝道師として高座教会に招かれ、翌年には牧師に就任した。松本牧師は、生島牧師離任後七年にわたった共同牧会が解消された二〇〇二年以降、高座教会担任牧師（従来の主任牧師）となり現在に至っている。

松本牧師夫妻の牧会姿勢は生島牧師夫妻とも石塚牧師夫妻とも違い、「夫唱婦随型」というより、学校で共に学んだ生活が基調となった「二人三脚型」であった。徳子夫人は堪能な英語力を生かして多方面で夫の仕事を助け、説教に対して必ず感想を伝えたが、その感想は批判するのではなく、いつも夫を励ましていた。松本牧師は若いころ、説教の感想を早く聞きたくて、礼拝のあとに妻を探すことがたびたびあったと語っている。

女性長老推薦を決めた長老会

ブラジル集会への石塚牧師派遣決定に先立ち、高座教会の歴史にとって重大な出来事が起ころうとしていた。一九八四年一〇月の長老会において、女性を長老に推薦する決定がなされたのである。生島牧師がブラジル訪問で留守のあいだのことで、石塚牧師が議長を代行した長老会での決定であった。

それまでの長老・執事の選挙は、現行のように教会員の推薦票数によるのではなく、推薦用紙に記入された被推薦者の名前が得票数を伏せて長老会に報告された。その被推薦者リストを見ながら、最終的には長老会が教会総会の議場に誰を推薦するかを判断していたのである。

ブラジルから帰国した直後の生島牧師を待ち受けていたのは、提出されるとは夢にも思っていなかった案件であった。一一月一一日、教会総会の議場に女性の候補者を含んだ長老会からの長老推薦者が提案されたのである。

ただし、長老会も生島牧師への配慮を欠いていたわけではなかった。この件がこれまでの了解事項を超えた決定であることを承知していた長老会は、生島牧師が帰路立ち寄るアメリカに書簡を送っている。しかし、メールなどが普及した現在とちがって連絡には日数を要し、結果として生島牧師の手に届くことなく、教会総会の当日を迎えることになったのである。

生島牧師にとっては思いもよらない提案に議事進行は難渋した。出席者のなかには女性長老が聖書的であるか否かについて疑問をもつ者もあり、十分な検証がなされることなく、説明が不十分なまま女性長老を認めるのは時期尚早ではないかとの発言があった。なによりもこの長老会の決定は生島牧師が不在中になされたので、このような大事な問題を主任牧師の意向を確認することなく決定したことにも疑問があるとして、総会は紛糾した。結局、この教会総会では女性長老の推薦は見送られることとなった。

教会総会での生島牧師の対応は、自身の不在中に意に反する決定がなされたことに対する苛立ちとも映った。生島牧師は女性長老に反対なのだと受け止める者も少なくなかった。生島牧師はこの時のことを、『七〇年史』のためのインタビューでこう語っている。

私のなかでは、女性長老を拒否していたわけではないんです。けれども、そのことは全然話し合っていないし、聖書でどうだという積み上げも何もしていないなかで、いきなりこれが出てくるということは、おかしいことでしょ。それを私は怒った。それはおかしいということで。でも、私は総会の中では（議長として）意見は何も言えなかった。

いずれにしても、この出来事は、牧師と長老会とのあいだに不信感を生むこととなり、牧師・長老会と信徒とのあいだの信頼感を傷つけることにもなった。女性長老問題は、これまで順調に思えた高座教会の宣教の働きにとっての、大きなつまずきだったと言えよう。一方で、高座教会が属するカンバーランド長老教会の「教会憲法」は、女性長老はおろか女性教職をもすでに認めていたので、その点では矛盾を抱えていた。

一九八四年一一月の教会総会以降、長老会は女性長老の選出について改めて検討していくことになった。翌一二月の長老会での審議について、月報『地の塩』の「長老会報告」は次のように伝えている。

「女性長老」のことについて、長時間検討をいたしました。結論として、現状では教会全体の気運が十分でないこと、また、一方で信仰告白、教憲教規の改定がなされたことでもあり、これらの学びを通して慎重に検討することとし、一月定例長老会では男性長老を選出のうえ、二月総会で承認を頂く準備をすることが決定しました。

こうして、教会総会で保留となった長老選出に関し、女性長老の推薦を取り下げ、翌年二月の教会総会では男性長老だけを改めて選出したが、女性長老選出をめぐって多くの質問や意見、要望が出された。『地の塩』は主な質疑応答を次のように報告している。

質問＝女性長老を見送った理由は時期尚早ということか、女性が適当でないという教会員の気運なのか。

応答＝両面が含まれている。

質問＝男性、女性のいる教会での女性長老は当然の事のように思われるが、なぜ女性はふさわしくないのか。

応答＝教会の中で重要なことなので聖書の御言葉による裏付けが明確でないとふみ切れない。これは女性蔑視ではなく、御言葉の中にどう記されているか、十分時間をかけて、考えてみたい。

質問＝女性長老については聖書の裏付けはないのか。

応答＝今までの学びの中ではない。しかし、それが絶対とは思わないので、もう一度学んでみたい。

質問＝一一月総会では、長老会からの議案として出され、今回取り下げになった経緯を説明してほしい。

応答＝長老会ではごく自然に女性長老がいてもよいと考え、また多くの人が女性長老を望んでいる事を考慮して前回の総会にかけた。しかし、御言葉の裏付けを持っているかどうかという点では弱かった。今年、「信仰告白を学ぶ」という事と重なって、もう一度十分な理解をしなければいけない、ということで長老会での意見が一致した。


その後、長老会では議論を重ねていたが、女性長老の選出について長老会の見解を求める投書があったことも契機となって、一九八五年一二月の長老会でこの件に関する見解をまとめた。翌月の『地の塩』の「長老会報告」は次のように伝えている。


女性長老に関して長時間にわたり論議された結果、次のような結論を得ました。

「教会の示す公の告白・諸規定の表明の通り女性を長老に選出することは基本的には異議がない。しかし、現状に於いては（教会総会に於いての種々の意見等）、早急に女性の長老を置くところまでには至っていないと考える。従って、将来に於いて、会員の多数の意見がまとまり、又推薦者がある中で、長老・執事選出に関する要綱に基づき女性の長老を選出することに異論はない」

尚、この件に関しては二月定期総会に於いて、教会員の質問にお答えする方針であります。この件に関し一年余り結論を出せずにいましたことを長老会としてお詫びいたします。

聖書的解釈の研究と女性長老第一号の誕生

女性長老選出をめぐる混乱は、一方で教会総会のあり方や選挙要綱を見直す契機の一つともなった。後述のように、一九八九年三月に「総会検討委員会」が設置され、一九八四年に改訂された『カンバーランド長老教会信仰告白』の翻訳も進むなか、「教会憲法」では性別が長老職の資格要件となっていないことと聖書の記述との関係を明確に整理することが残された課題として意識されたのであった。

そこで、一九九〇年暮れ、長老会は女性長老の聖書的根拠について調べることを、総会検討委員会の委員であり、その年にアメリカの姉妹教会を訪問調査してきた松本雅弘牧師に託した。会議が終わるやいなや、長老宮崎道弘は退席しようとした松本牧師を呼び止め、「女性長老を選出することが聖書的に正しいことなのか否か、牧師や長老の意見に左右されずに、聖書が何を言わんとしているかをしっかり調べてほしい。結果がどうであれ、それがいちばん大切なことです」と伝えた。

松本牧師は年末年始の休暇を返上して課題に取り組み、年が明けた一月一三日の定例長老会に「レポート:『女性長老』に関する聖書的根拠をめぐって——第一テモテ二章九節から一五節を中心に」を提出した。

論文では、従来、教会の働きへの女性の参与を否定し、もしくは制限を加える立場を支持すると考えられてきた代表的なテキスト、第一テモテ二章九節から一五節、同三章一節から一三節、第一コリント一一章、一四章などを挙げ、なかでも女性の教会政治参加を「明確に」否定していると解釈されてきた第一テモテ三章一節から一三節を取り上げて論じている。そこには「監督は、……一人の妻の夫であり、……」（二節）とあって、監督（長老）が男性であることを前提としているかのような記述があり、一方、八節の「執事」を意味する「奉仕者」の資格条件に触れる箇所では、わざわざ、八節からは「奉仕者たち」、一一節からは「婦人の奉仕者たち」と、男性執事と女性執事が分けて述べられている。このため改革派・長老派教会では、執事職については男女の別を問わずに就任できるが、監督職（長老職）については男性のみであるという結論を導き出してきた歴史がある。高座教会もその立場をとってきた。さらに、第一テモテ三章一節から一三節により「監督職は男性のみ」という結論を導き出してきた背後に、直前の二章九節から一五節の箇所が「エバのつまずき」（創世記三章）に注目し、教会の働きへの女性の参与を制限する理由をエバに代表される女性の特殊性に根拠づけて解釈してきた歴史があった。

論文では、「監督職（長老職）は男性のみ」と教えているように読める三章一節から一三節を強力に支持する二章九節から一五節を釈義し、「男性のみが監督（長老）」という解釈に再検討を加えつつ、女性長老の存在を可能にする議論を展開している。

松本牧師の論文は、第一テモテ二章九節から一五節は「普遍的永続的指導原則」として、教会のなかにおける女性の働きを否定し制限を加える目的をもって書かれたテキストではなく、むしろ当時、テモテが牧会していたエフェソ教会のなかに生じていた偽りの教えや、教会の女性たちのあいだに見られた目に余るような行き過ぎた言動という課題を解決する意図をもって書かれたものであるとしたのである。そして、そのように第一テモテ二章九節以下のテキストを「普遍的永続的指導原則」とするのは、第一テモテの執筆意図とも調和しがたく、ましてやパウロ書簡の救済論を代表し、「聖書の権利章典」とも呼ばれる、ガラテヤ書三章二七節から二九節（「洗礼を受けてキリストに結ばれたあなたがたは皆、キリストを着ているからです。そこではもはや、ユダヤ人もギリシャ人もなく、奴隷も自由な身分の者もなく、男も女もありません。あなたがたは皆、キリスト・イエスにおいて一つだからです。あなたがたは、もしキリストのものだとするなら、とりもなおさず、アブラハムの子孫であり、約束による相続人です」）に照らして考えても不適切であるとした。加えてイエスの女性観、創世記二章一八節の「助け手」の意味、さらに初代教会の宣教における女性の参与について言及し、最後に「聖書全体は、教会の働きへの女性の参与を否定したり、制限してはいない」と結論づけたのである。

松本牧師から時間をかけて説明を受けた長老会は、論文に記された結論を承認し、あわせて一九九一年に教会を挙げて女性長老についての勉強会を計画することを決議した。

その二年後、一九九三年二月の「教会員総会」で、高座教会で初めての女性の長老に鷲頭ひでが選出された。

この動きは、のちにさらに大きな花を咲かせることになる。英語専門学校を卒業し外資系法律事務所に勤務していた関伸子は、姉妹教会の国立のぞみ教会長老として活躍していた。やがて周囲からの勧めを受けて牧師としての召しを感じはじめた関は、聴講生として通い出した日本聖書神学校を一〇年かけて卒業する。在学中、フェミニスト神学の感化を受け、「カンバーランド長老教会の最初の女性教職ルワイザ・ウーズリィーの按手について」を卒論として執筆した。そして二〇一四年、日本中会の最初の女性教職として按手を受け、高座教会に副牧師として就任したのであった。この時、女性であることがとくに問題とならなかったのは、時代の変化も大きいが、女性長老をめぐる神学にまで及ぶ論議を重ねた教会形成の力も大きく作用したと言えるであろう。なお、関副牧師は、二〇一六年四月、東小金井教会の担任牧師として赴任した。

13 長期構想をめぐる混乱

「長期構想委員会」の設置と答申棚上げ

女性長老の選出をめぐって長老会の意見不一致があらわとなった背景には、それを少し遡る「長期構想委員会」の設置と、委員会からの答申をめぐる混乱もあった。

一九七〇年代から急速な成長をみせていた高座教会では、その後の歩みについて問題を整理していくために、長老会は長期構想委員会を設置することとした。一九七四年から七六年にわたる第一期の長期構想委員会では、生島牧師、濵崎牧師、長老の小山末吉、宮崎道弘、執事の町田公次が委員となり、「一〇〇〇人教会」の可否、教会の適正規模などが審議された。そして、高座教会が一〇〇〇人教会となることは避けられず、将来的には礼拝出席者の区域外に伝道所をつくるべきことなどが確認された。

一九七七年から七九年にかけては、第二期長期構想委員会が設置され、長老の壁谷金弥、谷中光秋、森英志、執事の鈴木直之、執事であり教会主事となった町田公次が委員となった。第二期委員会は、高座教会の長期的目的を検討し、その目的達成のために必要な対策を討議した。その結果、急激に増加する教会員を自立した信徒に育てるために、前述した「成人教育」の実施が提言されたのである。

一九七九年に始まった第三期の長期構想委員会は、三年計画でスタートした成人教育のその後を検討するため、「成人教育小委員会」を立ち上げることから始まった。第三期委員会は、委員長が長老の鈴木直之、委員は石塚牧師、町田公次、執事の石田博志、今淵宗仁、小寺基、西村秀矢、青年会員の河野正明、西浦昭英であった。小委員会は、今淵、西村、河野、西浦と生島牧師で構成された。委員会は、「八一年度からの成人教育について」を第一次答申として提出したあと、長期構想の検討に取り組むにあたって高座教会のめざすべき目標をまとめ、以下の内容を第二次答申とし、これを長老会の名において提示した。。

高座教会の目標

「わたしたちの教会の目ざすものは高座コミュニティ教会（地域教会）の設立です」

わたしたちの教会は、たえず、みことばを学び、喜びをもって、伝道のわざにはげみ、わたしたちの主、イエス・キリストから与えられた全ての人を受け入れ、ひとりひとりの魂を大切にし、重荷を負い合い、そして、地域に住む人々に心のよりどころを与えることに努めます。

一九八二年三月七日

カンバーランド長老キリスト教会高座教会 長老会

この答申は翌年、達成すべき「目標」ではなく、いつの時点でも掲げるべき「スローガン」であるとして、タイトルが「高座教会の大切にしているもの（スローガン）」と変更された。その後、委員会は一九八三年五月に、最終答申として「高座教会の長期構想に関する答申（第三次）」を長老会に提出した。これは、教会員数の増加に対応して、それまでの教会運営に代わる新しい組織や中長期的な計画が必要になると考えた長期構想委員会の検討の総まとめであった。

ところが、この「第三次答申」が大きな波紋を呼ぶことになったのである。ここには、のちに委員会制度として結実するいくつかの提案もなされていたのだが、一面では、生島牧師のいままでの牧会手法、すなわち説教で繰り返し語られた「神は私たちをあるがまま、そのままで愛し受け入れてくださっている」というメッセージに対する批判とも取られかねない内容を含んでいるといった指摘があった。そのため長老会ではこの答申案の取り扱いについて賛否両論あり、意見は容易にまとまらなかったのである。

定例の長老会のほかに臨時長老会を何度も開いて議論を重ねたが、一九八五年八月の定例長老会において、沢田吉士は「緊急提案」を発議した。その内容は以下の通りである。

長老会及び教会の全勢力を伝道、特に受洗後の脱落防止のためにあらゆることを超律法的に処理する（規則、約束ごと、習慣的のこと等をのりこえ対処する）。

この目的のため長老会で継続審議となっている下記議題は、一定期間（二年位と思うが期間は審議のなかで定める）保留とする。
（一）現任長老、休任長老の職務範囲について（長期構想にかかわる）
（二）教会総会へ出席（議決権等を含む）に年齢制限を決める
（三）共同牧会についての検討の件（長期構想にかかわる）
（四）牧会姿勢の基本方針承認の件（長期構想にかかわる）
（五）新信仰告白（この期間旧信仰告白を用いる）
（六）教職の代休の件
そして「提案理由」として以下の二点を挙げている。
（一）せっかくキリストによって救われた兄弟姉妹を、今教会が早急に必要でないことのために私達が時間をかけていて、これら兄弟姉妹が滅びにおちてしまうことは、御心をいため、申し訳ないことであり、そのことが永くつづいているということは思いきった方法をもって対処する必要があると考えられる。

（二）　この期間に、もし今教職の中で牧会上の意見の相違があるならば、時間をかけて一致するようにする。短期間にまとめると後に禍根をのこすおそれがあると思います。又各長老も長い時間をかけてつみ重ねて審議された、長期構想のような問題は、初期の頃の私達の考えていた（わたしだけかも知れない）見込と現状と大きな差があり、私達の思い違いだけですむものであればよいが、神様からのお示しであるような気がしてならないので、この期間に、個々に神様の御意志をたずね求める時としたい。

以上

沢田の提案は、容易に一致しない議論を長く続けることは伝道の妨げになり、教会の基本方針について意見が分かれ長老会が割れては教会員のつまずきになるとの思いをあらわしていた。沢田の「緊急提案」を受け、長老会はその後、二回にわたって審議を重ね、一九八五年一〇月一三日の定例長老会において、議案文にある「超律法的」という言葉の意味を「最優先的」と解するとの注釈を加え、さらに長期構想検討の再開については、「長老が気づいたものを取り上げていく」と修正したうえで、これを承認した。その結果、長期構想委員会の答申は、一定期間棚上げという取り扱いとなったのであった。

こうした長期構想委員会の答申と女性長老の選出をめぐる動きが、生島牧師に長老会に対する不信感を生じさせたのは否めない。一九八六年の石塚牧師のブラジル派遣や、ひいてはのちの生島牧師の定年後の去就にもこの問題が少なからず影響しているのではないかと考えられる。

「総会検討委員会」の設置と選挙制度の改訂

この当時、教会員のあいだでは女性長老推薦に関しての長老会での意見の不一致が露呈し、自分たちが推薦した候補者の名がいっこうに教会総会に挙げられずに、これまでと変わらず同じ人物が継続して長老として選出されていくという状況のなかで、長老会への不信感が強まっていった。

一九八九年、長老会はこの問題を解決するために特別委員会「総会検討委員会」を設置した。委員会に託された課題は、まず長老会と長老以外の教会員とのコミュニケーションの回復であった。加えて、宗教法人の認可申請にあたって高座教会の制定した宗教法人規則と、カンバーランド長老教会の教会憲法の整合性という課題もあった。当時、宗教法人規則上の最終決定機関が教会総会であるのに対して、教会憲法上では長老会（小会）と定められていた。規則上は、長老会で決定したことが、教会総会で覆る可能性が残されていたのである。さらに長老教会における長老会に与えられた権限の重さに対して、教会員の責任や役割は何を意味するのかについての神学的整理も課題であった。メンバーは長老会から森英志と宮崎信恵、そして教会の規則に詳しい町田公次教会主事と、神学的視点からの検討のために教職を代表して松本牧師が加わった。

一九八四年のカンバーランド長老教会総会（ＧＡ）でおよそ一〇〇年ぶりにカンバーランド

長老教会の『信仰告白』が改訂され、中会翻訳特別委員会による作業が進みつつあった（完成は一九九五年）。そのため新しい信仰告白、教会憲法に基づいて教会の運営そのものについても見直しをすることとなったのである。

一九九〇年六月、GA代議員として派遣された松本牧師は、かつて宣教師として在日したメルベン・スタット師の紹介でボブ・ハル牧師（マッケンジー教会）、ロバート・ラッシュ牧師（のちにGA書記）、ジム・ラトリッフ牧師（コロニアル教会）を訪問、カンバーランド長老教会の教会政治における教会総会の役割、長老会運営などについてインタビューし、各牧師から教会憲法に基づく教会運営の生きた事例を聞きだした。松本牧師はそれらをビデオに録画し、原稿に書き起こした。長老会ではその原稿を検討し、前記三名の牧師のなかでもっとも明快に回答したハル牧師を、一九九一年に講師として日本に招き、教会挙げて「教会憲法における教会総会のあり方」について学ぶことを決定した。

カンバーランド長老教会では、教会憲法上の最終決定機関は長老会である。年ごとの活動方針、予算・決算、さらに牧師の招聘・罷免に至るまで、長老会が決定してよいという規定である。では、そうした長老教会における長老でない教会員の役割とは何なのか。ボブ・ハル牧師は明確に、自分たちの代表として長老を選ぶことであると語った。さらにハル牧師は、それだけの権限と責任をともなう長老会であるがゆえに、構成員たる長老を選ぶ選挙制度こそは、長老教会の生命線であると強調した。

このような学びの機会を経て、総会検討委員会は答申を提出した。まず選挙制度に関しては、教会憲法にのっとって、選挙権ならびに被選挙権は老若男女、教会員であればだれでもが有することを明確に定める一方、選挙に関する作業については任期満了の長老が「推薦委員会」を構成して責任を負い、長老会へ候補者を推薦するための作業を行なうこと、そして教会員による投票数にしたがって、推薦を受ける意思の有無を確認し、教会総会に候補者として推薦することとなった。すなわち、従来から行なわれていた長老会の意向をもとにした教会総会への候補者推薦をやめることにしたのである。

また、ハル牧師を招いての研修を受けた長老会は、宗教法人規則と教会憲法という「二足のわらじ」を履いた教会政治を整理すべく、宗教法人規則上の最終決定機関も、教会憲法にのっとって長老会に改めていく方向性を確認した。

宗教法人規則は、一九九二年九月の臨時教会総会で改訂が承認され、翌年二月の中会会議での承認を経て、三月に県知事の認証を受けた。この改訂により教会憲法との矛盾は解消され、これ以降、「長老会」の呼称を「小会」に、「教会総会」を「教会員総会」に改めることとなった。さらに、教会活動の現実と教会憲法との整合性をめざし、新しい教会活動組織を立ち上げるための「委員会制度委員会」を設置することとなった。

またこの年、三か月にわたり石塚牧師をハル牧師のもとに派遣し、新しい教会憲法における執事の役割と委員会制度を中心に組織変革のための調査をすることとした。研修を終えて帰国した石塚牧師の報告を受けて、長老と教会員とのコミュニケーションが深められることを目的として設置された委員会制度委員会の審議によって、新しい委員会制度が実現した。そして、その運営のために、長老の定数を一八名に増員した一方、教会活動の実務を担っていた従来の執事会を廃止し、教会憲法に記された執事の働き、すなわち「貧しい人々、高齢者、病人、孤児、難民、囚人、その他困難のなかにある人々に奉仕する」働きを担うための「執事グループ」とした。

これら一連の働きで大きな役割を果たしたのが、教会主事の町田公次であった。彼の集中力により、議論を重ねた内容が整理され、練り上げられ、修正につぐ修正を経てまとめ上げられた『部門委員会制度ハンドブック』が完成し、現在まで教会運営の基本的なマニュアルとなっている。

ちなみに、一九九三年四月に始まった「委員会制度」の内容は、このハンドブックによると、当初以下のようであった。まず、これまで執事会が分担していた教会の諸活動が「礼拝」「教育」「伝道と宣教」「財務・施設」「交わり」「総務」の六つの部門に分けられ、さらに部門に所属する委員会として「礼拝準備」「子弟教育」「伝道」「財務」など一五の委員会が設けられていた。各委員会は小会によって任命された正・副委員長とその他の委員および奉仕者からなり、すべて長老以外の教会員で構成されていた。また、部門ごとに担当長老が配されて、委員会の働きを支えるとともに、小会から委員会に対しての諮問を伝えたり、委員会からの議題を小会に提出したりする役割を担っていた。なお、委員会制度はその後、六部門・一五委員会から四部門・一二委員会に枠組みを変更して牧会担当長老を設けたり、部門を廃止したり、長老が委員長を担うようになるなどの改訂が行なわれている。

一九九三年二月、教会憲法に基づいて改められた初めての「教会員総会」が開催され、長老一八名、執事一八名の体制が明確になり、任期三年、任期満了後一年のちの再選はさまたげないと定められた。この時、前述のように鷲頭ひでが女性長老第一号として選出されたのである。

迫る生島陸伸牧師の退職

この時期、高座教会には、長期にわたって教会の発展を主導し、支えてきた生島陸伸牧師の定年退職が迫っていた。残されることになる三名の若い牧師たち、石塚惠司牧師、松本雅弘牧師、丹羽義正牧師は、生島牧師という求心力を失うことになる教会の牧会を、どう継承していくかという課題に直面することになった。

高座教会では、生島牧師就任三年目の一九六一年、朝山正治神学生を伝道師として希望が丘伝道所、続いてのぞみ基督教会（のちの国立のぞみ教会）に、さらに一〇年後の七一年に瀬底正義神学生を希望が丘教会伝道師に送り出している。その一方、一九七二年には濵崎孝神学生が高座教会伝道師に任職、その年のうちに牧師としての按手を受け、七五年まで在職した。

生島牧師の退職後を担う石塚惠司牧師は前述のように一九七八年に神学生から伝道師に任職し、八〇年に牧師按手、松本雅弘牧師は八七年に伝道師任職、翌年按手を受けて牧師になっていた。八七年には古畑和彦牧師も高座教会伝道師に任職され翌年按手を受けているが、九四年に独立する田園キリスト伝道所担任牧師として高座教会を離れた。丹羽義正牧師の伝道師任職は生島牧師が定年を迎える前年の一九九三年で、牧師按手が翌年である。

丹羽牧師の前職は自動車製造工場の工員であった。家計が苦しく、しかもまた自閉症の弟がいたことで周囲から差別され、傷ついた少年時代を送った。中学を卒業したらすぐ働くことを両親が望んでいた。学び続けたいという思いを捨てきれなかった丹羽少年は、企業内学校のある自動車製造会社を選んだ。高校に進学しなかった同期生はたった二人であった。企業内学校では同時に通信制高校にも籍を置くことができ、高校卒業の資格も取れることになっていた。しかし、将来会社の役に立たない人間は容赦なく退学になる厳しい制度で、四二〇人あまりいた入学生は、卒業時には二八〇人になっていた。全寮制で、上級生のいじめがひどく、何度も逃げ出したいと思ったが、ここを辞めたら両親が悲しむと思い、耐えるしかなかった。三年間のつらい経験をして正社員となったが、世の中は地位と金を得ることがすべてだと思うようになり、給料をためこんで周囲を見返すことだけを考えるようになったという。大学を出て入社した者と企業内の学校を出た者とでは、会社の扱いがまったく違うことに気がつき、努力することがむなしく感じられた。

転機になったのは、偶然見たテレビ番組であった。ある歌手が、金に目がくらんで家族を顧みず、家庭が崩壊してしまったが、イエスに出会って立ち直り、福音歌手として出直したと語っていた。「たとえ全世界を手に入れても、自分の命を失ったら、何の得があろうか」(マタイ一六・二六)、そう教えられて、すべてをこの信仰にかける思いで教会に通いはじめた。そのころの教会では卒論発表会などが行なわれており、学歴のコンプレックスを抱えていた丹羽青年は、教会でもそうなのかと悩んだりした。しかし、聖書の言葉は丹羽に強力な光を投げかけた。

なかでも、生まれつき目が見えないのは「本人が罪を犯したからでも、両親が罪を犯したからでもない。神の業がこの人に現れるためである」（ヨハネ九・三）というイエスの因果応報の論理を否定する言葉は、弟の障がいが先祖の祟りだと言われて苦しんできた心にしみ込み、大きな救いとなった。そして一度は諦めかけていた人生をふたたび神から与えられ、その人生を神のことを伝える働きのために捧げたいと考えるようになり、アルバイトをしながら東京基督神学校を卒業して教職に就いたのである。

丹羽牧師は高座教会員であった市川友子と結婚、二年後に息子を授かった。ところがその子が小学一年生になって、自分の弟と同じ自閉症と判明したのである。弟と違い、息子は高機能自閉症であったため、その障がいに気づくのに遅れてしまったのである。そして今度は親として障がいを抱えた子どもに対する差別に悩む日々が始まった。丹羽牧師は二〇〇六年一二月にＮＨＫ「ラジオ深夜便・こころの時代」に出演し、番組の担当ディレクターの質問に答えて、その試練とどう向き合ったかを語った。生きることは問題を抱えることであり、人間は誰もが問題を抱えている、しかし神は負いきれない課題は与えない、課題と向き合わず逃げるから負いきれなくなるのだ、と自分に言い聞かせ、神の約束に立って現実を受けとめるよう努めたという。自分の子育てが悪くて周囲と協調性のない子が育ったと悩んでいた友子夫人が、息子は病気だったのだと知ってむしろ自責の念から解放され、その病を積極的に受け入れて力を添えてくれたのも助けになった。息子は高学年になると、自分と他の人との違いを感じるようになって悩みはじめた。夫妻は、アイルランドの少年が書いた『ぼくのアスペルガー症候群』という本を、息子と一緒に少しずつ読んだ。「ぼくのことをこんなふうに生まれさせた神さまが憎い！」と言うので、友子夫人は「イエスさまはあなたのその憎しみを受けとめ、十字架についてくださったのよ」と言い聞かせた。息子はのちに、思い悩んで落ち込んでいる丹羽牧師に「お父さん、そんなに悩んでいるんだったら、神さまにお祈りをすればいいじゃないか」と言ったりするようになった。こうして少しずつ息子の存在を通して豊かにされる人生を感じるようになり、牧師として人間への理解も広がった、と丹羽牧師は番組で語ったのである。放送は多くの聴取者に感銘を与え、「こころの時代」のなかから好評だった番組を選んで活字化した冊子にも収載された。

牧会の要としての「新・信仰告白」

長年、高座教会の牧師を務めた生島牧師が定年退職を迎え、牧会の責任を引き継いだ三名の若い牧師たちは、教会形成・牧会の新たな「要」をカンバーランド長老教会信仰告白に求めていく。

「士師記」の時代、イスラエルの民が約束の地カナンに入ったものの、指導者ヨシュア、またヨシュアと行動を共にした長老たちの存命中は主に仕えたが、彼らが死んだあとは、別の世代が起こったことを聖書は伝えている。

これは生島牧師が退職した後の一九九〇年代の高座教会と、士師記の時代が重なって見えるという思いを引き起こさせる事態でもあった。その時代のイスラエルには、約束の地カナンが与えられ、一二部族長老を中心とする組織も整い、そこには多くのイスラエルの民が存在していた。一方、当時の高座教会には「約束の地カナン」としての二〇〇〇坪の土地と、一二の地区を運営する長老制と委員会制度という組織が形成されており、さらに、「多くのイスラエルの民」と対をなすような、日本でもまれに見る一〇〇〇人を超える教会員が存在したからである。加えて、士師記の時代も高座教会も、リーダーシップの移行期であり、今までのやり方では通用しない、新しい革袋を求める時代を迎えていたことでも共通点があったと言えよう。

見方を変えると、これまで教会成長の中心であった生島牧師というカリスマを「要」としていた高座教会は、新しい時代を迎え、何に教会形成・牧会の新しい要を求めるのかが課題となっていた。そうしたなか、小会はその信徒を束ねる要を、カンバーランド長老教会信仰告白に求めることにしたのである。

生島牧師を要とする教会形成から、信仰告白と教会憲法を中心とした教会形成への移行は、前述した『カンバーランド長老教会信仰告白』の日本中会による翻訳が一冊の書物として発行されたことが背景としてあった。この取り組みは、石塚牧師に代わって阿部牧師のブラジル一二地区への派遣が決まったあたりから本格的に始まった。

一九九六年、メンフィス神学校のデイヴィッド・ヘスター校長が日本中会に招かれ、中会牧師会の研修会の講師を務めることになった。そして日曜日には高座教会のペンテコステ礼拝での説教を担当する予定であった。前日から牧師館にヘスター校長を迎えた松本牧師は、翌日の説教の通訳を務めることになっていて、その打ち合わせをした際に、カンバーランド長老教会の教職者として抱えていた神学的な疑問を投げかけた。五年前、カンバーランド長老教会信仰告白の講義に来日し、帯状疱疹に罹り急きょ帰国したメンフィス神学校のヒューバート・マロウ名誉教授が残した講演原稿に記されていたカンバーランド長老教会の神学における「恵みの契約」の位置づけについてであった。

カンバーランド長老教会の神学の原型であるウェストミンスター信仰告白（一六四六年）には、「恵みの契約」に加え「業《わざ》の契約」が重視されており、それは歴史における神の最初の契約であり、それゆえに中心的な契約は業の契約であるとされている。業の契約とは人間の代表であるアダムに対してなされた契約で、神の定めた一定期間、アダムが従順であったならば、永遠のいのちと義の確かさを約束し、逆に不従順であったならば、死を約束するという内容であった。アダムは禁じられた善悪を知る木の実を取って食べることで契約を破り堕落するが、その後、最初の契約であった業の契約ではもはや救いが得られなくなったので、神は恵みの契約を立てた。その契約では、キリストが神を信じる者たちの「契約のかしら」となり、律法を成就して律法違反の罪を贖ったとされたのである。この恵みの契約は、旧約においては約束として、新約においては成就として与えられ、人はみな、義務として業の契約のもとにあるが、選ばれた者たちは恵みの契約のもとにも置かれることになるとしている。一七世紀中葉までに改革派・長老派神学で共通となったこの二重の契約図式が、ウェストミンスター信仰告白の神学的枠組みであった。

これに対してマロウ教授の原稿には、ウェストミンスター信仰告白が前提とする二重の契約図式が否定され、恵みの契約が神と人間とのあいだに交わされている唯一の契約であると説かれていたのである。

マロウ教授は、長年にわたってメンフィス神学校で教鞭を取り、一九八四年版カンバーランド長老教会信仰告白の中心的執筆者であり、その解説書『恵みの契約』の著者でもある。その晩、牧師館でのヘスター校長との対話のなかで、松本牧師が抱えていた問いに明確な回答が得られたわけではなかったが、ヘスター校長の心のうちに、投げかけた問いは確実に残ったに違いない。

数か月後、ヘスター校長から松本牧師宛てに一通のファックスが届いた。すでに定年退職していたマロウ教授が、自らの書物の執筆準備のために「カンバーランド長老教会の神学と歴史」という特別講義を行なうので、このコースを受講しないか、という誘いであった。これを受けた松本牧師は、小会に対してメンフィス神学校でカンバーランド長老教会の神学研究を集中して行なうために、一年間のサバティカル（研修休暇）を願い出た。しかし小会はこの要望を受け入れることを躊躇した。当時は、新しい委員会制度が発足したばかりであり、教会全体が落ち着きのない状況にあった。まずは学問的水準の高い日本の神学校での研究というステップを踏んでからアメリカに行っても遅くないのではないか、という意見もあった。しかし、生島牧師を送り出したあとの高座教会の今後を考えるうえで、カンバーランド長老教会の神学や教会政治について学ぶことは、教会形成を導くために必須であるという意見も出て、議論と祈りの末に、小会は松本牧師をマロウ教授の講義が行なわれる一九九七一月から五月までの一学期間のみメンフィス神学校に送り出すことを決定したのである。

帰国後、松本牧師は、メンフィス神学校での研究を「カンバーランド長老教会神学史における贖罪論の変遷に関する一考察」としてまとめ、東京基督神学校『基督神学』(第一三号、二〇〇一年)に寄稿した。そこには、「業の契約」と「恵みの契約」という、ウェストミンスター信仰告白の前提となる二契約図式が、「恵みの契約」を唯一とする一契約図式に移行し、一九八四年版カンバーランド長老教会信仰告白完成へとつながる指導的神学者たちの大胆かつ創造的な営みが概観されている。とくにウェストミンスター信仰告白は「業の契約」の存在を前提とするがゆえに、神を「審判者」として理解し、神と人間の基本的関係は「法の関係」で、それゆえこの世界は「法廷」であると解釈するのに対し、カンバーランド長老教会神学では、あくまでも神は人間に対して「親」であり、「家庭」としてのこの世界にあって、つねに愛をもって「人間家族」とかかわりをもとうとするとの理解に特徴があると指摘されている。松本牧師はその後、マロウ教授の主著、『恵みの契約――カンバーランド長老教会一九八四年版信仰告白講解』を翻訳し、新教出版社から公刊した。

編集の担当にあたった新教出版社の森岡巌社長は、二〇〇〇年九月一一日付で松本牧師に向け、「『恵みの契約』も目出度く完成しましたが、それを生かして日本の教会も新しい基礎づけと方向づけを見出せればよいのですが、どうでしょう」と書かれた手紙を送っている。『恵みの契約』がこうした森岡の期待に応えるものとなったかどうかは定かでないが、その後、『本のひろば』で蓮見和男日本キリスト教会牧師が、『クリスチャン新聞』で小林高徳東京基督教大学教授が『恵みの契約』の書評を相次いで寄稿している。二〇〇一年秋号『季刊教会』では、日本基督教団東大宮教会の山ノ下恭二牧師が「本のオアシス」の欄で『恵みの契約』を取り上げた。こうしたことから、この出版は、日本のキリスト教界において、少なからず反響があったと言えよう。山ノ下牧師は、カンバーランド長老教会の歴史、筆者の感想を記し、最後に、「私たちの教会の伝統、予定論、贖罪論などを本書を読んでとらえなおすきっかけとなると思う。改めて、ウェストミンスター信仰告白、ドルト信仰基準などを学ぶ必要性を感じ、有益な書物である」と評価している。

カンバーランド長老教会日本中会では、森本あんり国際基督教大学教授を招いて牧師たちの『恵みの契約』の勉強会がもたれ、高座教会や成瀬教会ではこれをテキストにして信徒教育も実施された。このようにして『恵みの契約』は高座教会ならびにカンバーランド長老教会日本中会の神学的な基礎固めに向けての大きな契機となったと言えよう。

14 共同牧会の苦闘

生島陸伸牧師の退職と共同牧会制の導入

一九九四年末、三七年間の長きにわたり高座教会を牧会してきた生島陸伸牧師がついに定年を迎えた。以前から定年後に改めて開拓伝道に従事したいと望んでいた生島牧師の意向を受けとめた小会は、支援者を公募し、呼びかけに応じた五九名の教会員と共に生島牧師を海老名市での開拓伝道に送り出した。「海老名シオンの丘伝道所」の始まりである。これは、海老名シオンの丘伝道所よりも少し早い時期に開設された「田園キリスト伝道所」(古畑和彦牧師)に、高座教会から二五名の教会員を送り出した直後であった。

日本中会としては二つの伝道所を産み出すことができたが、高座教会にとっては人的、経済的、その他さまざまな面で大きな影響を受けることとなった。この事態を乗り越えるために新しいチャレンジが必要となり、石塚牧師、松本牧師、丹羽牧師の三人体制による「共同牧会」が始まったのである。

教会憲法にそった教会形成をめざす時期に始まった共同牧会ではあったが、ここに一つの課題が生じた。実は、教会憲法のなかに「共同牧師（co-pastor）」という考え方がなかったのである。小会は議論の末、現行の教会憲法は教職者と小会の契約関係として担任牧師、副牧師、準牧師、協力牧師と四つの契約関係を挙げているが、これはそれ以外を認めない規定ではなく、あくまでも例示的に挙げているのであり、教職者と小会が望むならば第五番目の契約関係として共同牧師も可能ではないかと考えたのである。そこで高座教会小会は「共同牧師」の文言を教会憲法に加える修正案を総会（ＧＡ）に提案することを中会会議に上程した。日本中会はそれを承認し、ＧＡに上程した。一九九六年ＧＡはその議案を審議した結果、教会憲法は改正しなかったが、例外規定として議事録に記載することを決定した。この結果、事実上「共同牧師」が認められるようになった。

共同牧会を取り巻く状況

教会一致の基盤としての信仰告白が日本語で共有されて教会憲法も定着しつつあるなか、共同牧会による教会形成も順調に進んでいくように思えた。ところが間もなく、いくつかの課題が浮上した。第一に、共同牧会の仕組みや考え方自体が教会員と共有されておらず、牧会観、牧師観について小会と教会員とのあいだにズレが生じたことである。第二に、共同牧会は責任の所在があいまいな体制で、三名のうち誰もリーダーシップを発揮することができなかったため、さまざまな問題が生じても解決されないまま常に先送りとなる傾向が顕著となり、教会形成の各局面で課題を抱えることとなったのである。

それなりに経験を積みはじめた牧師が三名いたにもかかわらず、教勢は横ばい状態が続いた。教会員のあいだには生島牧師を中心とした牧会から、信仰告白、教会憲法など、理念に基づく牧会への急激な変化についていけないため、さまざまな不満が募っていった。小会はそうした不満に対処するために、教会員のニーズに対応する行事やイベントを重視する傾向が見受けられるようになり、高座教会の教会形成は行事に追われる「行事消化型」となっていった。このようなあり方に対して、神の言葉を伝えるべき説教こそ、いつの時代においても教会の生命線と考える松本牧師と丹羽牧師は批判的に考えていた。

こうした状況下、一九九七年に共同牧会のブレーン的存在であった町田公次教会主事が大動脈解離で倒れ、働きから離脱することとなった。その後、当時の日本中会で牧師不在となった東小金井教会から牧師招聘の要請があり、丹羽牧師がそれを受諾して、一九九九年六月に高座教会を離任した。また、二〇〇〇年五月にブラジルを訪問した石塚牧師は、その後ブラジル東北部の日系人伝道への召しを表明することになった。

高い理念を掲げて始まった共同牧会であったが、実際にはどの牧師も腰を落ち着けて牧会する姿勢を示せず、対症療法的な教会運営に終始し、ポスト生島牧会の方向性を出すのに苦闘が続くこととなった。

一九九四年から、石塚牧師がブラジルの日系人伝道への召命を表明した二〇〇一年まで続いた共同牧会の時期をふり返るとき、実際に教会運営のリーダーシップを執ったのは教会主事の町田であった。サッカーにたとえるならば、町田主事が出すパス（提案）を三名の牧師が追いかけ、シュート（実行）するという状態であった。石塚牧師、松本牧師、丹羽牧師、町田主事、主事室職員の小寺基の五名でしばしば「五人会議」を行なったが、実態は、牧師間、牧師と職員間で意見の一致を見るのは難しかったというのが、当時かかわった者たちの実感ではないであろうか。

長期構想、女性長老、ブラジル一二地区などの課題が山積するこの期間の高座教会の運営は、町田の強いリーダーシップのもとに進められていた。一九九七年に町田が病に倒れたあと、このような時にこそ生かされるべき共同牧会は機能せず、入院中の町田を訪ねて石塚牧師が教会運営の細かな指示を受けるというのが「共同牧会」の現実であった。町田公次は一九九九年末に退職し、石塚牧師がブラジルを訪問してその地への宣教の思いを強くする三か月前、二〇〇〇年二月に天に召された。

礼拝堂講壇の配置の変更と礼拝順序の改訂

言うまでもなくカンバーランド長老教会は、宗教改革者カルヴァンの流れを汲む改革派・長老派の教会である。しかし高座教会は設立のいきさつを見てもわかるとおり、決して改革派・長老派の神学に基づいた教会形成をめざしてきたわけではなかった。

一九八四年にカンバーランド長老教会の信仰告白がおよそ一〇〇年ぶりに改訂されたのを契機に、高座教会でも組織や教会政治のあり方、とりわけ礼拝の神学を改革派・長老派の伝統にのっとったものに整えていこうとする機運が盛り上がってきた。

小会の意向を受けて設置された「礼拝検討委員会」(当初メンバーは、豊川和治、西村秀矢、古畑和彦牧師、宮城幹夫)は、まずカトリック、プロテスタント、ギリシャ正教などの礼拝の特徴を比較検討することから始めた。また初代教会から現代に至る礼拝堂建築の歴史を調べた。そして日本基督教団鎌倉雪ノ下教会や日本長老教会杉並教会といった改革派・長老派を代表する教会の礼拝に実際に出席して感想を述べ合ったりした。最終的には『信仰告白』のなかの「礼拝指針」をじっくりと読み込み、長老主義を標榜する高座教会にふさわしく、また「礼拝指針」の要請にも合致すると思われる答申案を一九九四年に小会に提出した。

この提案は受け入れられ、現在も継承されている礼拝堂の講壇の配置と礼拝順序が確定することになった。まず講壇の配置は、中央に聖餐卓を据え、左右に説教台と洗礼盤を配置した。これは、古くから「教会のしるし」とされる御言葉の説教と聖礼典(聖餐・洗礼)の執行という礼拝の三大要素「説教」「聖餐」「洗礼」がいつでも会衆の目に見えるかたちで示されることが大事だと考えたからであった。礼拝順序では「招詞」に始まり、「罪の告白の祈り」「赦しの確証」「聖霊の照明を求める祈り」さらには「共同の祈り」「派遣の言葉」と礼拝におけるさまざまな要素の性格をはっきりとさせ、神からの呼びかけと会衆の応答とが一つのダイナミズムのもとに繰り返される流れを重視した改訂となった。

また日曜日の礼拝はそれまで「聖日礼拝」あるいは「公同礼拝」と呼ばれていたが、以後は主イエス・キリストの復活を記念する日に共に捧げる礼拝という意味で、「主日共同の礼拝」と呼ぶことが決められた。

「一回礼拝」の理念と現実

一九九六年一〇月一三日の定例小会に礼拝検討委員会から、「一九九六年下期から実施する小礼拝、主日共同の礼拝、夕礼拝の内容に関する件」が議題として提出された。

議案文には次のように記されている。

一回礼拝を指向するために検討を続けてきた当委員会としては、主日には一回の主日共同の礼拝と、それに準じる礼拝として小礼拝と夕礼拝を行なうように提案いたします。場所は礼拝堂とします。

①主日共同の礼拝

時間　午前一〇時三〇分より一一時四〇分位まで

内容　現在三回行なわれている主日共同の礼拝をまとめて一回で行なうもので、聖餐式、洗礼式が行なわれます。

②小礼拝

時間　午前九時一〇分より九時五五分位まで

性格　幼稚園の父兄《（原文のママ）》等求道者を主な対象とした伝道的色彩の強い礼拝ですが、仕事や家事の都合でその日には、あるいは暫くの間どうしても主日共同の礼拝に出席できない会員の為にも必要とされると考えます。

内容　主日共同の礼拝のプログラムを思い切って簡略にしたもので、奏楽―招詞―賛美―祈祷―聖書―説教―祈祷―献金―主の祈り―賛美―祝祷―奏楽―報告―交わり、となり、聖餐式は行ないません。

③夕礼拝

時間　午後七時より八時位まで

性格　仕事や様々な所用のために主日共同の礼拝に出席できなかった会員の為に設けられます。

内容　小礼拝とほぼ同じ内容ですが、聖餐式が行なわれます。また、特別賛美として聖歌隊だけでなく独唱、楽器による賛美、ゴスペルミュージックを用いたり、あるいは証しを取り入れたりと、主日共同の礼拝という枠をとりながら、バリエーションに富んだプログラムが考えられるのではないでしょうか。

議案文にはさらに、二つの注意書きも添えられている。

・普段、お子さまが小さいためにどうしても小礼拝に出席せざるをえない方の為に、聖餐式のある主日共同の礼拝の時間には子どもが安全に遊べる部屋を準備し、奉仕者も用意するような体制を望みたいと思います。

・小礼拝の後、主日共同の礼拝までの時間に、短い新来者会或いは求道者会を長老の責任で持つことが出来れば、小礼拝の性格がよりはっきりすると思います。

この議案を受けた小会は、さまざまな角度から議論した。議事録によって主な論点を挙げてみよう。提案した礼拝検討委員会が「一回礼拝を指向してきた今までの流れのなかのステップとして小礼拝としての九時の礼拝を残す事とした」と補足説明をしたことに対し、出席者からは、「小礼拝に参加するクリスチャンも主日共同の礼拝に何とかして参加したいと願うような、神学的説明があってほしかった」「一回礼拝が何故、理想なのかを皆にわかりやすく説明することが、まず第一だと思う」「子どもを連れて礼拝に出席できることを喜びとして、この教会に通ってこられる方にとって、どう説明すればいいのか」などの質問がなされている。

出席者からは、「はじめに一回礼拝ありきで考えてきたようだが、一回礼拝を指向するという小会決議のようなものはあったのだろうか」という基本的な疑問までが飛び出した。提案した側は「決議というより学びを続けた結果、当時の長老たちのあいだで、礼拝は一回が正しいというコンセンサスができた」と説明している。それによって小会の空気が変わったのであろう。「九時（礼拝）でも一一時（礼拝）でもよいということなら、夕礼拝でもよいということになり、日曜日の過ごし方が変わってしまう。クリスチャンとして問題ではないか」「主が復活した朝に一堂に会して礼拝をもつのは当然であろう」などの意見がつぎつぎと述べられている。

　こうしたやり取りの結果、「基本線は提案を採決し、微調整は後日に委ねる」という採決動議がなされ、賛成一一、反対〇、棄権三で動議は可決され、すぐに提案の採決に移り、賛成一〇、反対〇、棄権四で可決された。

15 教会の成長とは何か

「大礼拝堂建設宣言」へのこだわりと「教会成長運動」の影響

「一回礼拝」を指向する背景には、いくつかの要因があった。その一つは、九章に引用した一九七七年五月二二日の「三〇周年記念宣言」、および同時に宣言された「大礼拝堂建設宣言」である。「大礼拝堂建設宣言」は、その第一項において、いわゆる「大宣教命令」と呼ばれるマタイによる福音書二八章一八節から二〇節にあるイエス・キリストの命令に対する応答の姿勢を示し、第二項で、宣教の結果として会員数が増加した場合、一回礼拝を捧げるには、当然、人々を収容するための「大礼拝堂」が必要となるとしており、第三項でその大礼拝堂を建てるために教会員の側に献金という応答が求められることを宣言している。

「大礼拝堂建設宣言」は、当時の高座教会の教勢をみごとに言い表しているばかりでなく、たまたまこの時期にアメリカで始まった「教会成長運動」が日本にも押し寄せてきた影響を受けたものでもあった。教会成長運動は、二〇世紀後半にドナルド・A・マクギャブラン師によって提唱された。マクギャブラン師は一八九七年、祖父母以来インドで働いていた宣教師の家に生まれ、彼自身インドで宣教師として三〇年間奉職した。その間、彼は一つの問題に直面した。ある地域では何千人もの宣教師が学校や病院を建て、宣教のために多大な努力をしているのに、その地域の教会はほとんど伸びていない。ところが他の地域では多くの人が回心し教会が増殖している。そうした現実のなかでマクギャブラン師は、教会はどうして成長し増殖するのか、逆に、衰退し減少するのかという、素朴な問題意識を生涯の研究テーマとするようになった。そしてインドにかぎらず、ケニア、コンゴ、ナイジェリア、メキシコ、タイ、そして日本にまで出向いて研究調査を実施し、二六年におよぶ研究の結果、今後の世界宣教がとるべき新しい方向性を確信してアメリカに帰国した。

マクギャブラン師は一九六一年にオレゴン州のノースウエスト・クリスチャン・カレッジの一角に「教会成長研究所」を設立し、海外宣教団体の指導者たちの研修会で彼の研究結果を語り、大きな反響を呼んだ。以後毎年、教会成長セミナーを開き、三年後にはカリフォルニア州パサディナにあるフラー神学校に設けられた世界宣教学部の初代学部長として招かれ、この大学に併合された教会成長研究所の所長を兼務した。

この教会成長運動は、いかにして福音を世界のすべての人に伝え、宣教の大命令を果たすかという世界宣教への関心に基づく運動で、盛んな世界宣教にもかかわらず、いまだに福音の伝わらない国や地域が広く存在するなか、なんとか効果的に福音を行き届かせ、教会を形成したいという熱い願いが根底にあった。当初、想定されていた主な対象は、インドをはじめとした第三世界の宣教地であった。

ところが一九七〇年代に入り、その原則がアメリカ国内の教会に適用され、教会成長と伝道のための有効な理論として注目を集めるようになったのである。

マクギャブラン師が教会成長の要因としてまず注目したのは、一つの民族なり部族なりの集団から多数の改宗者が出るケースでは、人々が血縁・地縁関係を通して互いに刺激し合いながら、波のようにキリストに導かれていく現象であった。集団改宗ではなく、あくまで個人の決断による改宗ではあるが、その決断が互いに関連しあって、いわば連鎖反応のように回心が起こっていることを明らかにした。彼はこれを「ピープル・ムーブメント」と名づけ、神の力による最も効果的な福音の伝わり方だと説いた。そして神が起こすピープル・ムーブメントを促進するために、宣教師が関与すべきだと主張したのである。

教会成長論のもう一つの特徴は、世界を何千もの断片からなる巨大なモザイクととらえる視点である。人類は独自の言葉と文化的背景を持つ多くの異なる集団から構成されている。一つの国、一つの町のなかにも異なる文化をもつ集団が存在する場合もある。したがって福音の内容は永遠不変であっても、それを効果的に浸透させるためには、同じ文化的背景を持つ均質集団に対して、その土地の言葉で、その土地の生活や文化に対応させながら語る必要があると説いたのである。

教会成長論は、キリスト教界に対する影響が大きかっただけに、批判も少なくなかった。教会の成長を統計的に測り、数量的成長を最重視する傾向が顕著であったが、当然ながら教会の成長はそれだけでは測りえず、霊的・質的な成長の評価が大切である。主イエスが示した宣教は神の国の実現に焦点が置かれ、単なる回心者獲得運動ではなく、社会変革、社会正義と不可分なはずである。当時の教会成長論は、主イエスの宣教にならうべき働きであるにもかかわらず、社会的関心が希薄で、単なる自己増殖運動に陥る危険性が多分にあった。とくに、数量的増殖をめざすために均質な文化をもつ集団だけで教会形成するほうがより効果的に増殖するという「均質群原理」を適用しようとした運動論は、すべての人がキリストにあって一つとされたという福音理解に反し、諸々の差別の温床となりかねない危険があった。そもそも、教会を成長させるのは神のなせる業であり、効果的宣教方法という人為的な方法によってなされるものではない。そのような意味での謙虚さに欠けるところがあったように思われる。

しかしながら当時、高座教会小会は「三〇周年記念宣言」および「大礼拝堂建設宣言」を実現すべく、長期構想委員会を発足させ、まさに教会成長論に基づく数量的成長をめざす取り組みを始めていたのである。

一回礼拝をめぐる議論の結末

一回礼拝の問題に話を戻すと、一九九六年一〇月の定例小会は、前述の礼拝検討委員会の提案を受けて、三回の礼拝開始時間については検討を続けるとしたうえで「一九九七年高座教会活動方針」を決定した。

この活動方針をもとに行なわれた教会員懇談会では、一回礼拝実現に向けての決定を後押しするような意見があった一方、強い反対意見もあった。小会には、「三〇周年記念宣言」および「大礼拝堂建設宣言」を高座教会の神への信仰の表明であると受けとめ、これに基づいて教会形成を進めてきた経緯があった。しかし、これらの宣言がなされた一九七七年五月にはすでに三回の礼拝が開始されており、八一年一二月二七日からは午前二回と夕礼拝という現在の形態が始まっていた。複数礼拝が始まって二五年が経過し、「大礼拝堂宣言」がなされてからも二〇年近くが過ぎようとする時点で、①一回礼拝（午前）＝一九四七―七四年、②二回礼拝（午前）＝七五―七七年三月、③三回礼拝（午前）＝七七年四月―八一年一二月二〇日、④三回礼拝（午前二回・夕一回）＝八一年一二月二七日から継続、という実態をふまえることなく、「一回礼拝ありき」という方針には無理があった。

たしかに、「礼拝」をテーマに掲げた五年前（一九九一年）の教会活動方針では、すでに「一体感のある聖日礼拝」をめざして「一回礼拝を指向する」「一回礼拝にするため、考えなければならない点をあげ、検討していく」という二つの重要課題を挙げている。さらに、「一体感について叫ばれた背景には、名前を知らない会員同士の不安、交わりの希薄さから来る教会活動における不満が増加したことがある」と書かれている。

しかし、小会の提案にとくに強く反発したのは、幼稚園や教会学校に子どもを通わせる母親を中心とした教会員で、九時礼拝を「小礼拝」とし、求道者を主な対象と想定して聖餐を行なわないとした点が問題とされた。「子育ての実情をまったく無視している」「私たちから聖餐にあずかる機会を奪うのか」などの意見が寄せられた。たしかに、この決定をした一〇月の定例小会議事録によれば、前述のように「九時でも一一時でもよいということなら、夕礼拝でもよいということになり、日曜日の過ごし方が変わってしまう。クリスチャンとして問題ではないか」という意見が出るような雰囲気があった。つまり、このような意見は教会員には、一〇時三〇分から一一時四〇分までの時間を「聖別」できないクリスチャンは信仰的に問題がある、という主旨の発言に聞こえたのである。こうした小会の姿勢が、多くの教会員を刺激し、つまずかせたのではないであろうか。

いまになって小会の議事録、また礼拝検討委員会が提出した資料を読み返すとき、神学的な説明は少なく、「一回礼拝を決断した経緯をよく説明する必要がある」とか、「一回で礼拝することができるのは高座教会の恵みの時である」という表現しか見当たらず、それが説得力を欠く大きな理由であった。

そもそも教会における一体感とは何であろうか。それは本質的には教会員同士が同じもの・同じ恵みを共有しているということであって、必ずしも建物とか礼拝の回数の問題ではなかった。つまり、時代や地理的広がりを考慮した神の民の存在という視点で物事を見るときに、むしろその一体性とは「一体感」という感性に基づくものではなく、さまざまな違いを超えて、同じ主なる神を信じる神の民として、すでにキリストにあって一致していることを前提に礼拝できる恵みを覚えることのほうが、より大事だったのではないであろうか。

一九九七年七月の定例小会では、「一九九七年九月から実施する礼拝の持ち方に関する件」（礼拝検討委員会提出）の審議において、「小礼拝で聖餐式を行ないません」という文言を削除するという提案が出されたが、これは否決された。実施を翌月に控えた八月の定例小会にふたたび「小礼拝、主日共同の礼拝、夕礼拝の実施時期を決める件」が礼拝検討委員会から提案されたが、内容は「九月実施は教会員に周知徹底することができないことから実施時期を遅らせる」というものであった。これは小会を構成する多くの長老たちの心の思いを代弁するものであった。実際の実施時期をさらに半年先の一九九八年四月第一主日からとする提案が賛成一〇、棄権二で承認された。

さらに、二か月後の一〇月定例小会では、小礼拝、主日共同の礼拝、夕礼拝の説教の内容が同じでよいかどうかが検討され、また小礼拝と夕礼拝は説教者と会衆がより一体感をもてるように説教者が講壇を降りて説教するという議題も審議された。しかし結論は、三回の礼拝とも同じ説教がなされるということになった。ちなみに一二月定例小会では、一九九八年の教会活動方針が審議され、この件については、「四月から一つの主日共同の礼拝を実施します」という項目のもとに、次のように説明されている。

四月から「主日共同の礼拝」は一一時の一回とします。九時一〇分の礼拝は幼稚園の保護者の方々や求道中の方々と共に礼拝する伝道的色彩の強い礼拝をします。これは「小礼拝」と呼ぶことにしました。仕事や様々な所用のために主日共同の礼拝に出席できなかった会員のために、一一時の主日共同の礼拝を簡素化した礼拝式で、夜七時から礼拝します。これを「夕礼拝」と呼びます。今まで九時一〇分か夜七時の主日共同の礼拝に出席していた方々は、一一時の「主日共同の礼拝」にできるだけ出席しましょう。

こうしたなか、翌年の一九九八年一月に、突如石塚恵司牧師が辞表を提出するという事態が発生した。一月二四日に臨時小会が開かれて辞表提出の理由について説明がなされ、審議ののちに、石塚牧師の心身の疲労などを考慮して、二月から一か月の休養を決定した。

翌月の二月八日に行なわれた定例小会において、石塚牧師不在のまま、松本・丹羽両牧師から「一回礼拝実施時期延期の件」が提出され、四月五日の実施が迫る一回礼拝を、さらに一〇月四日まで延期することが提案された。

理由は二つあった。一つは、前年一〇月以降この時に至るまで、教会員への説明が行なわれておらず、延期の理由となった問題も解決されないまま残っており、説明が不十分であること。そしてもう一つは、石塚牧師と松本・丹羽両牧師の考え方に隔たりがあり、この時点に至っても「一回礼拝に対する共通理解」がもてずにいることであった。両牧師はそのことを小会に謝罪し、小会は一〇月四日までの延期提案を全員賛成で可決した。

翌週の週報での教会員への説明は次のようになっている。

小会は四月から一回礼拝の実施に関し、いくつかの準備不足の点が明らかになり、実施時期を半年程延期させていただくこととしました。本件はたびたびの延期であり、教会員の皆さまに小会の不手際をお詫び申し上げます。今後十分な準備がなされるようお祈りください。

二月二八日の臨時小会では、一か月の休養を終えた石塚牧師から職場復帰の報告があり、続いて小会を代表して丹羽牧師ほか数名の長老が祈りを捧げた。しかし、その直後、三月の定例小会に石塚牧師から退職願が出され、これを小会の議題とするかどうかは保留となった。

一回礼拝の件については、その後の小会議事録を見ても大きな動きはなかったが、一〇月一一日に行なわれた定例小会に、松本牧師から「一回礼拝に関する課題整理と今後の進め方に関する提案」が提出された。そこではいままでの小会での審議の経緯から始まり、一回礼拝に関する課題を、①一回礼拝の意味、②大礼拝堂建設宣言との関係、③礼拝観の構築、④宣教論・聖餐論、⑤教会員の現実をどのように受けとめるのかといった観点から整理し、以下の三点の提案があった。

一、教職が「礼拝」についてのレポートを提出する。
二、上記のレポートをたたき台として、小会において高座教会にふさわしい「礼拝観」を構築する。
三、ふさわしい「礼拝観」に基づく礼拝をめざして、具体的なあり方を検討していく。

小会は満場一致でこの案に賛成した。その結果、一〇月二三日に開かれた臨時小会で審議・決定された一九九九年教会活動方針のなかには、「一回礼拝」の言葉は出てこない。礼拝については「高座教会の主日共同の礼拝は南林間における礼拝だけを意味しません。無牧のブラジル一二地区も主の日ごとに共同の礼拝が捧げられていることを覚えていきたいと思います」という文言が突然に飛び出すのである。この文案の執筆者は石塚牧師であったが、この時すでに石塚牧師の思いはブラジルに傾いていたのかもしれない。

さて、二〇〇〇年二月の定例小会に「二〇〇〇年に解決すべき小会の課題への対応について」が提出され、その一つとして「三〇周年記念宣言」「大礼拝堂建設宣言」について議論を深めるため「第一課題検討委員会」（委員長＝鈴木裕一、委員＝居垣章子、石田博志、今井俊夫、柴崎忠男、鈴木一聲、鈴木直之、中村和昭）をつくり、検討を始めることが承認された。

第一課題検討委員会は、五月定例小会の議論と、六月一七日、八月二〇日の二回にわたって行なわれた小会全体委員会（議決をともなわず、意見交換を目的として行なわれる長老たちの会合）を踏まえて、次のような結論を答申している。

一、三〇周年記念宣言について

（一）三〇周年記念宣言を神様からの恵み、神様との約束とすることを今一度小会で確認する必要がある。

（二）　三〇周年記念宣言を知らない教会員には教会の信仰継承の一環として説明に努力する。

一、一回礼拝について

（一）　教会の一体性を考えるとき、神の民が同時に同一の場所に集まって豊かな礼拝を守ることが重要であり、二〇〇二年（幼稚園週休二日制実施等）を目処に一回礼拝を検討する。尚、「一回礼拝」とは「主たる主日共同の礼拝」を一回とする事を意味する。

（二）　併せて以下の項目などを検討する。

ａ、宣教論からの礼拝のあり方（社会の多様化への対応）

ｂ、年代を超えた（子どもを含む）共同性

三、大礼拝堂について

（一）　大礼拝堂の建設計画はヨベル館の完成で一歩前進した。次のステップとして今の時代および次世代への継承を念頭に、二〇一〇年完成を目標とした具体的な計画を策定するための特別委員会を設置する。

（二）　大礼拝堂は教会員が一堂に会することが出来る程度の規模とし、牧師館、幼稚園、ゲストハウス、高齢者向け施設等を含めた複合的な建築物を検討する。

（三）　建設計画と車の両輪となる宣教計画の検討を行なうために特別委員会を設置する。

この答申を小会は審議したが、明確な決定を行なうことは困難であった。その困惑は、議事録に次のような記録が残されていることからも、はっきり読み取ることができる。

・「三〇周年記念宣言」「大礼拝堂建設宣言」は継承していく。
・完全「一回礼拝」は現状を考えると実現は難しい。
・礼拝を複数で考えていく。
※「主たる主日共同の礼拝は一つ」との認識を共通理解とする。
※課題の整理、具体的内容の検討のための特別委員会の設置。
・教会員懇談会のときの話し合いの材料を検討する。

ただし※印については、話し合いが不十分で今後の課題として残った。まだ結論が得られないので継続審議とする。

共同牧会の行き詰まり

同じ時に、第二課題検討委員会（委員長＝西村秀矢、書記＝松本睦、委員＝奥井嘉朗、鈴木幸子、清田利夫、関根一夫、平武久、濱住勝）から「共同牧会」に関する答申が出され、五項目の提案のうち二項目が採決された。

その一つは、二〇〇二年三月まで石塚牧師・松本牧師による「共同牧会」を継続することを前提として、同年中に中会神学・社会委員会と話し合いの場をもつこと、二つ目は、一九九九年に事務全般の務めを負う総務主事に就任した宮城幹夫を二〇〇一年一月より小会の事務局である主事室の全責任を担う教会主事とするということであった。

この背景には、当時小会がもう一つ大きな課題をかかえていた事情があった。前述のように、日本中会は無牧になっていた東小金井教会の担任牧師を探していて、中会の全牧師に招聘に応える意思があるか否かの問いかけをしており、丹羽牧師がこれに応じる考えを示したため、一九九九年二月一四日の定例小会に、「丹羽牧師からの契約関係解除願いの件」が提出されていたのである。

二度の臨時小会を経て、三月一四日の定例小会で丹羽牧師との契約解消に応じることが全員賛成で可決承認された。この時点では時期は未定であったが、四月の定例小会で、離任を六月三〇日とすることが決定された。

小会は、丹羽牧師が抜けたあとに残る二名の牧師が協力し合って牧会に当たってほしいという願いをもち続けていたが、翌年二月に町田公次が召天、その年の五月には石塚牧師がブラジルを訪問していっそうブラジルへの思いを強くしていた。そして、後述するように二〇〇一年、石塚牧師も正式にブラジルへの召命を表明し、高座教会を離れて二〇〇二年より新たに始まるマッタ・デ・サン・ジョアン伝道所の担任牧師として日系人伝道に再献身することとなる。このようにして、共同牧会は事実上幕を閉じることとなった。

ひと言付け加えると、東小金井教会に転出した丹羽義正牧師は、その後、香月茂牧師の後任として成瀬教会の担任牧師となった。そこで厳しい生活の苦難に襲われることとなる。「充実した説教が教会の発展をもたらす」という信念によって、丹羽牧師はここでも説教に全力を傾注した。しかし、その成果は経済的な困難を抱えていた成瀬教会に、数字的にはあらわれることがなかった。牧師への謝儀は、日本中会の規定額から大きくかけ離れていた。それに加えて、高機能自閉症の子息の経済的自立の困難、精神疾患の実兄の長年の入院にかかわる諸経費の負担、また重度自閉症の実弟への生活扶助の必要などが重なり、牧師としての歩みから一信徒に戻り、工員時代に取得した電気技師の資格を活かして働くことを考えるまでに、丹羽牧師は追い詰められた。牧師としての働きに思いは残っていたが、最も近い隣人である家族の生活の責任を負うための労働と、全力で取り組んできた説教の働きを担う生活とが、両立するとは考えられなかったのである。

二〇一六年、ついに丹羽牧師は日本中会に牧師辞任を申し出て、電気技師として再出発する道を選んだ。そして一信徒として友子夫人と共に高座教会に戻ったのである。現在、丹羽義正は夕礼拝に出席し、友子夫人は教会オルガニストの一員として主日共同の礼拝などの奏楽を担当している。

16 ブラジル集会のその後と担任牧師制への移行

牧師がいなくなったブラジル集会への対応

地球の反対側のブラジルでは、一九九四年に阿部牧師が帰国して以降、高座教会の一二地区としての位置づけはそのままに、無牧の時代を経験していた。しかし現地は元気を失わなかった。一九九五年一月に正式に宗教法人格を取得すると、五月には礼拝堂の建設を開始し、翌年三月に完成した。献堂式には日本から石塚牧師が出席して、ブラジルの人々と再会し司式を行なっている。

一九九七年のペンテコステに佐々木夫妻が二度目の来日をした際には、一二地区の群れは二か月にわたり佐々木に代わって信徒が奨励の務めを分担して留守を守った。

一九九九年の一二地区の報告は、次のように記している。

栄光在主。たえざる御加祷に主にありて会員一同心から感謝申し上げます。一二地区のメンバーも皆健康に恵まれ感謝です。元気ですが多くの方々が高齢を否定できないのも現実です。佐々木三雄長老も八四歳となり、主日共同の礼拝に難解な語句で通訳を泣かせながらですが奨励を続けています。奏楽を四〇年以上担当しています佐々木理雄兄は最近年間を通じて約半分は出張のため、一二地区の礼拝とサンパウロの教会に出席しています。礼拝賛美は母教会創立五〇周年記念訪日の際にいただきましたヒムプレーヤー（讃美歌の伴奏機）が大活躍しております。教会は村民一同に親しく用いられています。小さな歩みも、ジョタカ植民地四〇周年記念の年、日系二世への継承の時に至り、責任役員を中心に会員心一つにして御心を求め、両世代のバランスを考えた解決策が与えられますよう祈っています。何卒力ある御加祷下さいますよう活動報告にあわせてお願い申し上げます。

また二〇〇〇年五月に石塚牧師が久し振りにブラジルを訪問したときの感想を、佐々木長老はこう記している。

この度は、石塚牧師ご夫妻を一二地区にお送り下さり、ありがとうございました。イエス様にある家族との再会は一般のそれとは全く違うものがありますが、母教会の牧師、特に一二地区を数年間牧会され、礼拝の中での洗礼と聖餐と御言葉の説教を通して神の生ける臨在を証言して下さり、親しくしていただいた石塚牧師との交わりは、サンパウロの牧師とのそれとも違い感激いたしました。

ブラジル訪問から帰った石塚牧師の報告を受けて、小会は高齢を迎えた日系人一世への牧会援助が急務であることに改めて気づかされるとともに、現状をさらによく見極め、今後の対応を考えるため、二〇〇一年六月のカンバーランド長老教会総会（GA）に出席する松本牧師に、会議に先立って一二地区を訪問するよう要請した。

ブラジルに派遣された松本牧師は、今後の一二地区の牧会体制について長老の佐々木三雄と、実質的な三名のリーダー、佐々木理雄、竹並智秀、日住慎一との話し合いの時をもったあと、一二地区への人的支援を得るためにサンパウロのルイジラモス教会を訪れた。帰国後に提出された「ブラジル・アメリカ訪問報告」のなかで、松本牧師はルイジラモス教会訪問について次のように報告している。

六月一四日（木）午前中、ルイジラモス教会の牧師・長老研修会でご奉仕をする。現在、ルイジラモス教会には一〇人の牧師と一〇人の神学生がいる。高座教会が在日ブラジル人クリスチャンの集まりである「地の塩コミュニティーブラジル人集会」の働きをさまざまな面で支援していることについて深く感謝しておられた。また、ジョタカの教会についてお話しすると、ほとんどの方が佐々木長老、理雄兄と面識があり、また、中には実際にジヨタカを訪問したことのある先生もおられ、ジョタカの群れの必要に関する話に、親身に耳を傾けてくださった。その後、福浦長老から、「松本先生、私たちは高座教会に本当によくしていただいてきた。ジョタカのことで、必要なことがあったら遠慮しないで何でもお話しください。思いの丈をぶつけてください。できないことはできませんが、できることがあれば、何でもさせていただきたい。働き人についてもお話しください」という旨の発言があり、神様の導きを強く感じた。

サンパウロを訪問したあと、松本牧師は米国テキサス州オデッサで開催されたGAで長老の千葉庄平と合流し、カンバーランド長老教会伝道局のボブ・ワトキンス世界宣教主事と会談した。これまで高座教会小会は伝道局と一つの約束を交わしていた。本来ならばブラジル・マッタ・デ・サン・ジョアンでの働きは、日本とブラジルという国をまたいでの活動であるがゆえに、伝道局の世界宣教の働きの範疇にある。しかし実際は、移民としてブラジルに渡ったのは高座教会の教会員であり、その彼らに対する、しかも日本語を用いた牧会の働きという特殊性から、高座教会小会の牧会の働きに位置づけることで合意されていたのである。ところが、ブラジル訪問によって明らかになったのは、一二地区では日本語を話す一世・二世から、ポルトガル語を話す三世の時代に移行しつつあり、新しいステージを迎えつつあるということであった。このようなブラジル訪問報告をし事情を説明したうえで、伝道局からの今後の支援を要請したのである。

このように、ブラジルでの一二地区とルイジラモス教会の訪問、アメリカでのワトキンス師との話し合いによって、松本牧師は高座教会から牧師を送らなくても、ルイジラモス教会から定期的に聖礼典執行の支援を受けられる了解を取り付けて帰国したのであった。

松本牧師からの報告を検討した小会は、一二地区事務局（石塚牧師、千葉庄平、奥井嘉朗）が中心となってさまざまな議論を積み重ねた。その結果、一二地区は長期的にはカンバーランド長老教会伝道局に支援を仰ぐこととするが、当面はブラジルのルイジラモス教会に支援を要請し、具体的な協力を依頼するのが最善であろうということになった。

ところが、この時点で石塚牧師から再度ブラジルへの思いが表明されたのである。しかもジヨタカの牧会のほか、ブラジル東北部に居住する日系人一世への伝道という働きを加えた意向が日本中会に提出されたのであった。

日本中会牧師として再赴任した石塚牧師

高座教会としては、今後、日本から牧師を送らなくても一二地区が守られるよう環境を整えていたが、石塚牧師のブラジル日系人伝道への召命感は強く、このとき初めて、牧師個人の召しと小会の召しが食い違う現実をどう解決するかという問題に直面した。こうして小会と石塚牧師との話し合いが重ねられるなか、九月三〇日に開かれた臨時小会において、石塚牧師から、従来の一二地区の牧会の枠を超えたブラジル在住の日系人への宣教の思いがなおも強いことが表明され、結局、この日小会は正式に石塚牧師の召命を受理することとなった。

翌月一〇月一四日に行なわれた定例小会においては、石塚牧師のブラジル宣教への召しに協力するため、高座教会との契約関係を解消することを決議した。さらに翌週の二一日の臨時小会では、一四日の小会決議を踏まえ、石塚牧師の召しに協力し、ブラジル宣教のために「一二地区ブラジル集会」をこれまでの高座教会の牧会地区ではなく宣教地とみなし、高座教会から独立した伝道所とするための手続きを開始することを決定して、一〇月二八日付で日本中会に「カンバーランド長老キリスト教会日本中会マッタ・デ・サン・ジョアン伝道所」としての開設手続きの開始を申し入れたのである。

その結果、ブラジル東北部日系人伝道といっても、実際には広大なブラジルに散在する日系人に伝道することは容易ではないから、高座教会の一つの地区（一二地区）という位置づけにあったジョタカでの集会を中会所属の伝道所として、日本中会から担任牧師として石塚牧師を派遣し、そこを拠点としてブラジル日系人伝道を展開することが実際的であることが、高座教会、石塚牧師、日本中会の三者で確認された。

こうして石塚牧師は高座教会から離れ、二〇〇二年八月、中会の所属となったマッタ・デ・サン・ジョアン伝道所に担任牧師として派遣され、このときから二〇一六年まで、ふたたび和子夫人とともにブラジルの地で暮らすこととなった。

二〇〇八年、カンバーランド長老教会は一九八年の歴史上初めて、アメリカ合衆国以外の土地でのGAを日本で開催した。二〇〇二年のGAにおいて、「二〇〇八年GAを日本で開催する件」が、日本中会から提案された。しかし審議のなかで、「なぜ日本にまで出かけていかなければならないのか」という強い発言がアメリカの代議員から出たため、日本開催が危ぶまれる形勢に傾きかけたという。そのとき「その流れを引き戻し、日本開催を決定づけたのは、アジアから参加していた三人の若い青年たちの熱い主張であった」と、月報『地の塩』には記録が残っている。

この機会にブラジルから出席のために一時帰国した石塚恵司・和子夫妻は、七月一三日と一四日の二日にわたってNHK「ラジオ深夜便・こころの時代」に出演した。夫妻は佐々木三雄一家の不慣れな農業生活のなかで続けた子どもたちのための日本語学校と、そこから派生した家庭集会に始まるジョタカでの伝道の歴史と、過疎化にさらされて苦難の生活が続いている日系移民の現状を紹介した。石塚牧師が、現地の厳しい開拓生活を経験してきた人生の先輩たちを前にして、召命感に満たされ赴任したはずのブラジルであったが、自分は思いあがっていたのではないか、いったいここで何ができるのかと自問せざるをえなかったと率直に語った番組は、享楽主義が横行する時代風潮のなかで、信仰の有無を超えて多くの聴取者に感銘を与えた。「熱帯僻地の悪環境に耐え、日々奉仕の実践をなさっておられるご夫妻の誠が一語一語を通して伝わってまいりました」「安楽なサラリーマン生活を不平不満のみで過ごしてきた己を恥じ入ります」などの反響があった。

この放送で石塚牧師が強調したのは、「継続の力」であった。「与えられたことを自分の人生の道と信じて続けていくことは、本当に力だと思います。小さな働きも継続し、そこにイエスの愛があれば神が働いてくださる」と語った。石塚牧師はあるとき、教会の近くの牧場で、幅一〇センチほどの細いアリの道を発見したという。

　小さなアリがそこを繰り返し繰り返し通ることによってできた道なんです。そこには牧草が生えていない。私は涙が出る思いでそれを見つめました。私たちの人生も小さなものですけれども、与えられた務めを生き続けていくことによって、それがきっと自分の祝福にもつながるし、自分の生きる道になるんじゃないかと、そう信じています。

石塚牧師はしかし二〇一六年、和子夫人の健康上の理由もあって定年を機に帰国せざるをえなかった。無念であり、挫折感すらあったかもしれない。帰国した石塚牧師は『七〇年史』のためのインタビューでブラジル時代をふり返り、こう述懐している。

　一回目のときも二回目のときも、長老会（小会）を何回も開いていただき、ご苦労をかけました。皆さんに大きな傷を負わせたと思います。自分がブラジルに行ったことがよかったかどうか、考えてしまうことがありました。高座教会の皆さんを苦しめたと同じように、親も苦しめ、妹も苦しめました。本当に申し訳ないことだと思います。でもその時には見えないことがあります。そうでなければ「行ってきまーす」なんて言えなかったでしょう。ふり返ってみれば、本当に多くの方々を傷つけて行かしていただいたんだと思います。そして今回また、定年だと言って戻って来ました。ブラジルの方たちからは「羊を置いて行くのか」と言われました。向こうに行くときは骨をうずめる覚悟で行きました。本当にそういう思いで行ったんですけれど、そこで骨をうずめることがいかに大変かということを知らされました。自分の伝道者としての歩みは、皆さんの愛と忍耐がなければありえなかった、本当にそう思います。ですから、定年を迎えました、花束をもらいます、というような気持ちはこれっぽっちもありません。本当に辛い思いで日本に帰ってきました。

ブラジル集会の歩みをどう評価すべきであろうか。さまざまな意見があろう。しかし、地球の反対側に見捨てられたかもしれない小さな羊の群れがいて、真摯に羊飼いを求めていたのは紛れもない事実である。高座教会はその声を聴き、二〇〇二年までジョタカを自分たちの一二地区として、その小さな群れのために熱い祈りを捧げ、牧師を派遣し、物心両面にわたり支え続けたうえで、日本中会の伝道所として引き継いでもらったのである。その間には無牧の事態も生じた。しかし、その時期に一二地区の人たちは礼拝堂を建て、さらに石塚牧師の二度目の在任中には、付属の宿泊施設まで竣工させている。

最後に石塚牧師のインタビューの続きを、もうひと言付け加えておきたい。

ジョタカの礼拝堂の正面に、十字架があります。小さな石の板をはってあるんですけれど、佐々木さんは「この石の一枚一枚が移民したみんななのだ、自分たちは日本人だけれども、ブラジル人と一緒になって新しい民をつくっていくのだ」と仰《おっしゃ》っていました。

移民として来られた方は、畑だけではなくて、何か自分がそこに生きたという証しを残したい気持ちがあります。だからみんな大きな家を建てるんですよ。佐々木さんは家を建てませんでした。最初に入ったところを手直ししたり、少し広くしたりしただけです。彼にとって礼拝堂ができたこと、彼の土地のいちばん良い平坦なところに礼拝堂ができたことが、何よりの生きた証しであったと思います。それは移民の人たちにとっても、ここでみんなで礼拝したんだという生きた証しになっているということを、一緒に暮らしてきた私は実感しています。私は辛い気持ちで帰国してきましたが、そのことだけは、何が何でも皆さんにお伝えしなければならないという思いをもって帰ってきました。自分のやってきたことすべてを否定したくなるような気持ちになることがありますが、私を用いてくださったことは感謝です。一つだけ自分のなかにあることは、主は教会とその群れを守ってくださる、ということです。そのためにしようとすることは、たとえ間違っていても、主が導いてくださる。それは、私の教会ではなく、イエス様の教会だからです。

すでに佐々木さんご夫妻をはじめ、ジョタカに移住してこられた一世の方たちは、ほとんど天に召されました。佐々木さんは農業は苦手でしたが、人を育てました。一〇年、二〇年、三〇年たったときにジョタカがどうなっているかはわかりませんが、これからはサルヴァドールにも教会を建てたいという願いをもつ人たちが育っています。すでにジョタカ出身の信者が経営されているレストランで、月一回の礼拝がもたれています。これからはカンバーランド長老教会がジョタカだけではなく、二世、三世が進出していったサルヴァドールの集会と協力しながら教会形成を進めていくことを祈っています。厳しい道のりだと思いますが、その厳しさ、辛さを通して、真の牧者であるイエス様が守ってくださると信じています。

ブラジル集会はいま、新しい局面を迎えている。二〇一六年からはカンバーランド長老教会のＭＭＴ（Mission Ministry Team）の傘下となり、今後の展望を見据えているところである。

担任牧師制へ

共同牧会の崩壊に直面し、小会は、礼拝堂建設という以前からの課題をも含めて、これから進むべき方向性を模索していた。

石塚牧師を送り出すことを決意した小会は、二〇〇一年から石塚牧師の代務者として小会議長を務めていた松本牧師を、翌年、正式に担任牧師とした。それを支える教職者として、二〇〇〇年に伝道師として招聘し、二〇〇二年に牧師按手を受けた齋藤一成を共働牧師とし、二人体制で宣教・牧会の働きを進めることを決議した。齋藤牧師は、希望が丘教会出身で、石塚牧師以来歴代の高座教会牧師の出身神学校である東京基督神学校を卒業している。

しかし、この二人体制が始まって間もなく、齋藤牧師は心身に不調があらわれ、疲れの癒しとリフレッシュのためにしばらくの期間、家族で教会を離れることとなった。寄留先を探していたところ、東京基督神学校の下川友也校長の勧めと紹介で、新潟県柏崎市にある新潟聖書学院に導かれた。静養中であったが、大学時代からサイクリングで鍛えた恵まれた身体を活かした宣教の働きを願っていたところ、すでに関西を中心に始まっていた格闘技ミッションに強い関心をもち、祈りのなかでその働きへの召しを表明した。そして二〇〇四年七月、高座教会を離任することとなった。

松本牧師は、二〇〇一年から教会主事として働きを始めた宮城幹夫と、同年一二月から主事室の職員となった小出久雄の二人と、改めて働きを共にすることとなった。

コミュニティー教会形成をめざして

二〇〇一年に小会は、今後の高座教会の教会形成のあり方を検討するために「コミュニティー教会委員会」を発足させた。人事的不安定と教勢の低迷状態などから脱却すること、同時に中長期の計画を立て、さらにはかねてから懸案となっていた新しい礼拝堂の建設をいかに進めていくかなどの課題を、小会、執事会、各世代別会などの代表からなる委員会を発足させ「中長期計画」の立案を委託したのである。委員会のメンバーは、委員長＝鈴木裕一、常任委員＝石塚恵司（二〇〇二年三月まで）、松本雅弘、齋藤一成、小竹博隆、瀬底正博、松本睦、委員＝小坂幸子、谷中雅子、鈴木裕子、菊地リリ子、小寺基、濱住花枝、後藤美代子、亀田礼子、真崎節子、西村秀矢、加藤力（二〇〇一年一〇月まで）、蜂須賀正浩、柴田めぐみ、オブザーバー＝宮城幹夫、小出久雄であった。

コミュニティー教会委員会は一一月に、「三つのめざすもの」という教会活動の柱を定めた

「第一次答申」を小会に提案し、小会はこれを受理した。「めざすもの①」は「温かく小さな群れによって成長する契約共同体の実現」で、「互いに愛し合いなさい」（ヨハネ一三・三四—三五）というイエスが最後の晩餐の席上で与えた「新しい掟」に「小グループの交わり」を通して応えていくことを表明したものである。「めざすもの②」は「イエス・キリストを信じる人であふれる地域社会の実現」で、「世界に向かってイエス・キリストの福音を伝えていきなさい」（マタイ二八・一八—二〇）という「宣教の命令」を受けとめた言葉であった。そして、「めざすもの③」は「地域へのオアシスの場の提供の実現」で、「愛の奉仕」の実践を目標としている。これは「隣人を愛しなさい」（マルコ一二・二八—三一）というイエスの命令に対する応答である。

コミュニティー教会委員会は、翌二〇〇二年一〇月に「三つのめざすもの」の具体的施策を内容とする「第二次答申」を小会に提案し、受理されて解散した。小会はその具体的施策を検討する委員会として「コミュニティー教会特別委員会」を二〇〇二年一二月に設置した。メンバーは、委員長＝鈴木裕一、委員＝松本雅弘、齋藤一成、石田博志、小竹博隆、瀬底正博、谷中光秋、松本睦、森英志、オブザーバー＝宮城幹夫であった。

加えて小会は、二〇〇二年から二〇〇三年にかけて松本牧師を日本教会成長研修所へ送ることを決議した。これによって客観的視点からの教会形成の知恵の導入を求めることとしたのである。この研修はその性質上、牧師一人で受けるものではなかったことから、小会を代表し森英志が共に参加することとなった。この研修の恵みは、コミュニティー教会特別委員会から小会に提出された答申に反映されている。

コミュニティー教会・コミュニティー教会特別委員会の答申に基づく中長期計画は、二〇〇二年から一〇年間、教会形成を進めていくうえでの指針となった。小会は「温かく小さな群れによって成長する契約共同体の実現」という「めざすもの①」を成し遂げるために、小グループ活動を導入することを決定した。とくに、「牧師は牧会する人、信徒は牧会される人」という従来の伝統的牧会観を見直し（現実的には牧師不足から、こうした牧会はできなくなっていた）、信徒が互いに支え合う「相互牧会」という考え方に立ち、「小グループからなる高座教会」をめざし、相互牧会を基盤とする新しい牧会の仕組みを構築しはじめた。

二〇〇四年には、小グループを担当する「牧会担当主事」として、当時「アガペ身体障害者作業センター」（現在の障害者総合福祉施設アガペセンター）に勤務していた日本中会所属の大井啓太郎教職者を迎えた。大井をスタッフ（主事）として迎えたのは、中会所属の教職者はその人事異動の波をまともに受けるので、それを避けるために教会員で必要な学びを修めた者をスタッフとして迎える制度に切り替えたからであった。

すでに二〇〇三年には、『神を体験する』という信徒教育のテキストを用いて、およそ四〇名のリーダーが育成され、そのリーダーを中心に二〇以上の小グループが発足していた。そこでは『マスターライフ』という信徒教育のテキストの学びを実施した。

それまでの信徒教育は、牧師が講義をするという教室形式で、聖書の学びと信仰告白の学びの二本柱で行なってきたが、「御言葉を守るように教える」という、生活に根づく学びの仕方に方向を転換し、聖書の学びと教理の学びについては、東京基督教大学に働きかけ、二〇〇三年から「高座エクステンション」という講座を開講し、教会員の学びの充実をはかった。この講座は「前期」と「後期」に分け、おのおの四週間にわたり開講された。受講して提出した課題レポートに対しては採点がなされ、大学の単位に認定されるということもあって、教会員以外にも神学校や地域教会から受講者が集まった。初年度は、前期が小林高徳助教授の「真の友となるために――ヨハネ福音書におけるキリスト」を開講し、七一名の受講者が、後期は木内伸嘉教授の「福音の始め」で、六六名の受講者があった。

当初は聖書と教理の学びに限定して始められたプログラムであったが、しだいに受講者が減少したため、教会員のニーズに応えることを重要視したテーマを設定することにより、講座の内容の幅を広げていった。具体的にその例を挙げると、二〇〇五年には「聖書考古学――地理と考古学の視点から再発見する聖書」（菊池実専任講師）、二〇一二年には「般若心経の空とキリストにある空」（大和昌平教授）、二〇一四年には「信仰継承を神学する――信仰のイノベーション継承」という共通テーマで、五名の講師から、「賀川豊彦・ハル夫妻にみる信仰継承」（岩田三枝専任講師）、「聖書学とユダヤ人の伝統から見る『信仰継承』」（菊池実准教授）、「ユースの心の理解と対応」（岡村直樹教授）、「キリシタンの信仰継承」（山口陽一教授）、「宣教共同体から考える信仰継承」（篠原基章助教）という五つのプログラムが提供された。

それでも、エクステンションへの受講者は減少し、二〇一五年の「ルターやルイスから学ぶクリスチャンの職業観」（杉谷乃百合准教授）の講座をもって以後休講となっている。

また、二〇〇三年には、主日共同の礼拝、また諸集会の賛美を豊かにしたいという願いから、礼拝堂にグランドピアノが設置された。グランドピアノの導入は、礼拝堂でのコンサートなどの音楽活動の活性化をもたらし、、それまでピアノを必要とするコンサートのたびごとに、隣接するヨベル館内のヨベルホールから大勢で重いピアノをゴロゴロと運んでいた若者たちにとっても朗報だったに違いない。

17 新礼拝堂建設の断念と礼拝堂の改修

コミュニティー教会特別委員会の答申

二〇〇五年六月に、小会はコミュニティー教会特別委員会からの「第三次答申」を受理した。次の課題はその計画にそっていかに教会形成を進めていくかにあった。

それに先立ち、「第一次答申」で「三つのめざすもの」として教会の活動の柱が明確にされたことを受けて、教会員がキリストの弟子として成長していくために、生島牧師の時代から重視してきた「高座教会が大切にする五つのこと」をベースとしてこれを改訂し、「信仰生活の五つの基本」を改めて明確にした。①「キリストを知り、キリストを伝える（宣教）」、②「礼拝に生きる（礼拝）」、③「御言葉と祈りに生きる（聖書と祈り）」、④「主にある交わりに生きる（小グループ）」、⑤「クリスチャン・スチュワードシップに生きる（奉仕・献身）」である。

以後、二〇〇四年から毎年の教会活動方針は「三つのめざすもの」と「信仰生活の五つの基本」を軸に立案されることとなった。

二〇〇六年には、春と秋にそれぞれ一か月の歓迎礼拝を、また、三大節の九時一〇分からの礼拝を「子どもと大人が一緒に守る礼拝」として捧げることを決定した。さらに、小会を構成する長老の定数を従来の一八名から一二名に変更することを決定した。一八名ではなかなか集中的な議論ができにくくなったことに加え、小会からの諮問への応答と、小会での決定事項の実行機関である常設委員会の働きを強化するために、長老の働きを経験した教会員が常設委員会のメンバーとして奉仕することが、教会全体の働きを力づけるであろうと考えられたからである。なお、翌々年の二〇〇八年には、執事の定数も一八名から一二名に変更することを決定した。それでも執事は、その務めの大変さから毎年四名を選出することがしだいに難しくなり、また「執事会」(一九九六年に「執事グループ」から改称)が担っていた働きがそれぞれ奉仕グループとして活動できる状態となったため、二〇一三年に執事職を廃止することとなった。

新しいスタッフ制度に基づき、二〇〇四年から松本牧師が牧会学を講じていた聖契神学校の学生、元栄信一を研修神学生とし、卒業と同時に牧会担当主事として迎えた。また、町田公次初代教会主事の子息で、共立基督教研究所での学びを修了した町田零二も教育担当スタッフに就任した。また柴田裕が小会担当主事に、小出久雄が総務担当主事に就くこととなった。なおこの年には、小グループ担当であった大井啓太郎主事と、通訳を兼ねて松本徳子が米国イリノイ州のウィロークリーク・コミュニティー教会で開催された小グループ宣教大会に出席している。また、一九九七年から二〇〇一年まで主事室で働いていた平満里江職員が辞任し、その後、二〇〇八年から加藤由美子が主事室職員として加わり、翌年に総務主事となった。

小グループ活動の活性化

二〇〇七年に高座教会は創立六〇周年を迎えたが、この年、小グループ活動に大きな発展が見られた。それまで存在した、教会が準備し教会員が参加する聖書研究が中心の学び会的な小グループに加えて、教会員が自分たちのニーズを満たすように、「この指とまれ方式」で同じような関心をもった仲間と共に活動する「ニーズ型小グループ」が誕生することになったのである。

教会のなかで用いられる「交わり」という用語は、元来、聖書の「コイノニア」というギリシャ語の日本語訳である。例えば、「フィリピの信徒への手紙」には、「交わり」を意味する「コイノニア」は、単なる聖書を学び祈るために行なわれる交わり以上の豊かな活動を含む（一・五、二・一、三・一〇、一一、四・一五）。

こうした「コイノニア」を実現するために、「四つのW」（①Welcome＝歓迎、②Worship＝礼拝、③Word＝御言葉の学びと分かち合い、④Work＝活動）を含めることを条件に、「ニーズ型」を教会の小グループ活動として位置づけた。その結果、小グループの数が一気に一〇〇を超えることとなった。「祈り会」と呼ばれる従来型の聖書の学びと祈りを活動の中心とするグループのほかに、信仰者の視点から「映画を観て語り合う会」や「読書会」、絵手紙を書くことを活動の中心とした「絵手紙の会『げんき』」、楽器の演奏を楽しむ「ギタークラブ」「くつろぎギター部」、祝日を中心として山歩きを楽しむ「山楽クラブ」、さらに、若者を中心に小グループの域を超えるほど多くの参加者がある賛美の集い「ＯＬＩＶＥ」、合唱グループ「グローリー☆エンジェルズ」や「ＫＯＺＡゴスペルクワイヤ」などが誕生したのである。

「新しい牧会の仕組み」の充実

松本牧師が担任牧師に就任した二〇〇二年、聖書から教会とは何かを学び直すことを目的に、教会論がテーマといわれる「エフェソの信徒への手紙」の連続講解説教が開始された。使徒パウロが「そして、ある人を使徒、ある人を預言者、ある人を福音宣教者、ある人を牧者、教師とされたのです。こうして、聖なる者たちは奉仕の業に適した者とされ、キリストの体を造り上げてゆき、ついには、わたしたちは皆、神の子に対する信仰と知識において一つのものとなり、成熟した人間になり、キリストの満ちあふれる豊かさになるまで成長するのです」（四・一一―一三）と教えるように、それまでの「牧師は牧会する人、信徒は牧会される人」という役割分担は、確かに伝統的で一般的な牧会のあり方ではあったが、エフェソの信徒への手紙が教える牧師と信徒の関係ではないことが、この講解説教によって確認された。むしろ信徒同士が相互に支え合えるように、小グループでの相互牧会を中心とする「だれも独りぼっちにならない教会＝小グループから成る教会」を「新しい牧会の仕組み」と名づけ、取り組みを始めたのである。このために、二〇〇七年、牧会の働きに協力するボランティアとして「牧会担当スタッフ」を新設し、信徒宣教者として高座教会が支援してきた柳沢美登里が就任した。

こうした改革の結果、二〇〇一年の主日共同の礼拝の平均出席者が四五〇・六名だったのに対して、二〇一一年は五四七・六名と一〇年間で一〇〇名ほど増加することとなった。

なお、二〇〇四年からスタッフとして牧会の一翼を担ってきた大井啓太郎牧会担当主事は、二〇一一年四月に無牧となっていた渋沢教会の担任牧師として赴任した。それにともない、前年から日本聖書神学校で学びはじめた平尚紀と、聖契神学校で学びはじめた片桐美穂子をパート職員とし、瀬底正博をボランティアの牧会担当スタッフとした。平は、二〇一六年に伝道師に任職されて成瀬教会に着任し、二〇一八年に按手を受けて同教会の担任牧師に就任した。片桐は、二〇一六年からは高座みどり幼稚園のパート職員を兼務して保育者の聖書の学びや週日に行なわれる子どもたちの礼拝のメッセージなどを担っており、二〇一七年三月には神学校を卒業して教育担当職員となり、二〇一九年から教会学校校長となった。また、元栄信一牧会担当主事は、卒業した聖契神学校が日本中会の指定神学校でないため、アメリカで代替神学教育を受講するなど教職の道をめざしたが、体調を崩して療養ののち、台湾での宣教への召命を表明し、二〇一二年一〇月に離任して霊糧堂教会の牧師となった。

挫折した新礼拝堂建設

礼拝出席者の増加に合わせて、二〇〇三年には礼拝堂内で会議室として仕切られていた第一会議室の間仕切りをはずして礼拝室として使えるようにし、二〇〇四年には北側に倉庫を新設して第二会議室も礼拝室として使えるようにした。

そのようななか、二〇〇五年八月、小会は「第三次答申」を受けて、二〇〇九年を目標に新礼拝堂を建設する計画を進めることを決定した。

「第三次答申」は、「神は何を求めておられるのか」という視点で「ビジョン志向」の宣教計画・教会体制を提言していたが、「宣教する教会」に必要な器としての教会施設として、従来の大礼拝堂建設構想は縮小するが、七五〇名が一堂に会して礼拝できる新礼拝堂の建設と、それにともない使わなくなる礼拝堂を多目的施設として活用することを提案していた。これは、コミュニティー教会特別委員会のもとに設置された「総合施設計画グループ」が教会施設の現状分析を行ない、五年間の礼拝出席者数の推移からみてより多くの出席者が集える礼拝堂が必要であり、ヨベル館の利用状況と教会の諸活動の状況から部屋と施設が不足しているとの結論を示したことに基づいていた。

小会は、七五〇名の新礼拝堂建設についてはそのまま承認し、礼拝堂の活用については、駐車スペースとすることも考えられることから、「現礼拝堂を多目的施設として活用するかどうかを含め」今後検討すると原案を修正して承認した。そして、新礼拝堂の計画と礼拝堂として使われなくなる建物の活用の詳細な検討と建設推進について「新礼拝堂建設委員会」を新設し、これに委託することを決定した。二〇〇五年一〇月にこの委員会が発足した〈委員長＝瀬底正博、副委員長＝井上和美、委員＝松本雅弘、石田博志〈〇八年四月まで〉、小野浩之〈〇六年七月まで〉、後藤美代子、西村真、宮池正子、安士典子〈同年六月まで〉、山本順子〈〇七年六月まで〉、オブザーバー＝小出久雄〈〇六年七月まで〉、柴田裕〈同年五月から〉、さらに委員には、〇六年七月から大井千秋、同年八月から河野正明、〇七年七月から細谷香織、〇八年三月から元栄信一、同年五月から加藤力が加わった）。委員会のもとに、のちに「駐車場検討グループ」（町田零二、鈴木直之、田中實、小出久雄）、「資金計画検討グループ」（石田博志、井上和美、鈴木裕一）が設置された。それとともに、新礼拝堂建設の前提となる教会財政計画の確立・遂行のために、「教会財政ビジョン」の策定を財務委員会に委託した。

その後、新礼拝堂建設委員会を中心に「宣教の器」としての新礼拝堂と関連施設についての検討と計画が進められ、教会員懇談会などで教会員との意見交換がはかられた。しかし待望の新礼拝堂建設計画に期待する声が多くある一方、新たに礼拝堂を建てる必要性が感じられないという声も強く、教会員の思いは容易に一致しなかった。

建設のためには多額の銀行借り入れを必要とすることから、「現在の財政状況で、そしてまた、今後の少子高齢化のなかで、果たして新しい礼拝堂建設は可能なのか」「結局、返済を若者たちの肩に負わせることになってしまうのではないか」といった声も少なくなかった。また、「多くの教会員は、新しい礼拝堂が建つことには反対ではない。ただし、〈なぜ二〇〇九年か〉ということが分からないでいる。現時点では、新礼拝堂建設の必要性が感じられない。時期尚早なのではないか。この点に、教会員の意識が一つとならない主なる原因があるのではないか」という声も聞かれた。

こうした状況から、小会は二〇〇七年七月に「二〇〇九年」という新礼拝堂建設の「目標年」

を再考し、新たな目標年は時期を見計らってあらためて設定することとした。このときに小会は、神からの祝福（新しいぶどう酒）を受け入れる「新しい革袋」が必要と訴えていたが、「新しい革袋」に着手する前に「新しいぶどう酒の発酵」（教会生活の充実）とそれを教会全体で共有する経験が必要だとの認識に至ったのであった。目標年の再考とともに、新礼拝堂建設の前提となる宣教の進展のために計画を立てること、新礼拝堂建設委員会を強化すること、財政の長期計画を確定することを決定した。

しかし、その後も状況は変わらなかった。建設に着手するには「教会予算規模一億円」が数値目安になると小会は考えていたが、二〇〇八年九月に起こったリーマンショックの影響もあって献金額は伸び悩み、通常の教会財政も厳しい状況となっていた。「目標年」の方向性を示す目安を二、三年と考えていた小会は、ついに二〇〇九年八月に新礼拝堂建設計画の取り下げを決断することとなった。そして、次の二点を決定したのである。

一　「四世代が喜び集う教会」をめざし、主が始めてくださった働きを止めないために、それぞれのニーズに応える中期計画を作成すること。

二　新礼拝堂建設に替え、現礼拝堂を改修したうえで主に献堂すること。

こうして、三〇年来の懸案である新礼拝堂建設は見送られることとなった。新礼拝堂建設計画の取り下げにともない、それまで捧げられてきた「新礼拝堂建設特別献金」

を廃止して、月定献金に含めて捧げることとし、献金袋の名称を「クリスチャン・スチュワードシップ献金」と改めた。

礼拝堂改修という方向転換

創立六五周年を迎えた二〇一二年は、教会員同士が互いに牧会し合うことをめざす「新しい牧会体制」となって一〇年目に当たることでもあり、一月一五日に「宣教六五周年記念礼拝」を捧げた。そのなかで、教会員が一致して歩むべき方向を明確にするために、次のような「高座教会ミッションステートメント」を宣言した。

私たち高座教会は、この地域を「キリストの福音」で満たし、神の国を実現するために召されています。そのために、「信仰生活の五つの基本」を土台に、「三つのめざすもの」を柱とし、「四世代が喜び集う教会」を建て上げていくことを祈り求めます。

この年、六月二日には「宣教六五周年記念大会」を行ない、礼拝を捧げるとともに、「家族」「地域」「若者」「祈り」「奉仕」「賛美」という六つのテーマグループに分かれて話し合うなど、四世代での交わりの時をもった。

「ミッションステートメント」の宣言を受けて、その実現のために、小会は一〇月に「高座教会ミッションステートメント実行委員会（ＫＭＳ委員会）」（委員長＝鈴木裕一、委員＝松本雅弘、柴田裕、井上和美、小竹智慧子、神林献自、田中清美、宮内亨）を発足させ、「礼拝堂の改修」「委員会制度の改編」「積み上げられた教会プログラムの見直し」など、整理・調整されるべき課題の検討を託した。一つ目の課題は、「仮礼拝堂」として使用してきた礼拝堂を改修して本格的な礼拝堂として献堂することを表明した新礼拝堂建設計画取り下げの際の決定に取り組むことであった。ＫＭＳ委員会はこの礼拝堂改修に優先的に取り組むこととし、小委員会「礼拝堂リニューアル実行委員会」（委員長＝神林献自、委員＝小竹智慧子、柴田裕、田中清美、谷中哲也、西村真、澤田栄恵、松本路津子）の設置を提案して、一一月に同小委員会が発足し、具体的な検討を開始した。

改修の検討は「主の食卓を囲む礼拝」をコンセプトとして進められ、小会が掲げた課題、①説教者と会衆席との距離感の改善、②高齢者や車椅子などハンディキャップのある人たちへの支援、③冷暖房などの空調環境の改善、④音響・ビジュアル設備の充実、⑤幼児室の改善、⑥とりなしの祈りの部屋の新設、⑦少人数の集会にも対応できる礼拝施設、などに取り組んだ。

小委員会は一二月からはＫＭＳ委員会と合同で検討を進め、縦長に使用している礼拝室の講壇と会衆席の向きを九〇度変え、横長にして使用するという提案をした。それが技術的に可能かどうかを検討するに際して、東京大学大学院の丹下健三研究室で学び、槇総合計画事務所で活躍、その後独立し「ユニテ設計・計画」を主宰する建築家の福澤健次との出会いがあった。福澤は当初、委員会にアドバイザーとして加わり、のちに設計と監理を担うことになった。設計が具体化する過程で、二〇一三年三月、四月、五月には小会での検討が行なわれた。また、礼拝室の向きを変えるにあたり、礼拝堂西側にあった中会事務所の一部が必要となったため、六月に開かれた臨時中会会議でこの部分を高座教会に組み入れることを要望し、承認された。

ＫＭＳ委員会は、五月に「礼拝堂改修に関する答申（第一次案）」を小会に提出し、小会はペンテコステ礼拝後に「礼拝堂リニューアル検討の中間報告説明会」を行なった。それ以降、各世代別会の場も含めて、説明会や懇談会が何回も重ねられたが、改修案に対する疑問や反対意見は少なくなかった。

とくに、「主の食卓を囲み、礼拝における主との親密さを大切にする礼拝堂」を求めるために礼拝室の向きを九〇度変える案となったことは、激しい議論を呼び起こした。また、資金計画では、「新礼拝堂積立金」約一億一五〇〇万円を礼拝堂の改修につぎ込むことの是非や、三〇〇〇万円の借り入れを予定したことも議論の的となった。クリスマスに間に合わせようと着工を九月からとしたことが拙速との批判を招き、この段階でかなり具体的な案が作成されていたことを知らされて、教会員の意見を求めずに検討が進められたことへの不満が表明された。

こうしたさまざまな意見を受け、七月に「礼拝堂リニューアル検討の第二次改修案」がＫＭＳ委員会から提示されてこれを承認し、着工が一二月末に延期された。

その後、具体的な検討を進めるにつれ、小会ではＫＭＳ委員会の検討内容を十分理解・審議するには時間と回数が足りなくなってしまった。そのため、九月に小会直属の「礼拝堂改修特別委員会」（委員長＝鈴木裕一、委員＝柳澤克彦、金丸良江、町田零二、今井俊夫、神林献自、小竹智慧子、田中清美、西村真、オブザーバー＝柴田裕、設計者＝福澤健次）を設置した。Ｋ

ＭＳ委員会の小委員会であった礼拝堂リニューアル実行委員会はこのとき解散した。

また、教会員との意思疎通をはかるため、「礼拝堂改修全体会」（特別委員会・長老・世代別会・執事会・委員会代表）を毎月開くこととした。また、世代別会ごとに懇談会を実施し、意見を聞くとともに、音響、椅子などの個別項目についてはワーキングチームである「改修支援チーム」をつくり、長老と教会員が共に検討を進めるようにした。

資金面では、新礼拝堂建設のために捧げられてきた献金を改修に充当することへの理解を文書で呼びかけ、また銀行からの借り入れを圧縮するために教会債を発行することとした。

礼拝室の向きを九〇度変えることについては、後述のように「主の食卓を囲む」ことの大切さを共有しようという意図がしだいに理解され、賛同の声が拡がっていった。

こうして礼拝堂の改修は一二月二五日に起工感謝式を行なって着工となり、翌二〇一四年六月七日に工事を完了して、多くの関係者を招いて献堂式が捧げられた。

礼拝堂の改修中は、ヨベル館で礼拝が行なわれた。一階にあるヨベルホールをメインの礼拝室とし、二階と三階にも礼拝室を設けて、ヨベルホールでの様子をスクリーンに映して礼拝が捧げられた。

ドイツから「嫁入り」してきたパイプオルガン

この改修において、長年の悲願であったパイプオルガンが設置された。ドイツ・バーデン＝ヴュルテンベルク州にあるメソジスト派のハイルブロン・パウルス教会に一九八七年に設置されたオルガンが教会の統合によって使われなくなり、輸送費なども含めて一二〇〇万円弱で譲り受けたもので、新しく製作した場合の三分の一から四分の一の費用であったため、高座教会の礼拝堂の規模に見合ったオルガンを改修にあわせて購入することができたのであった。ストップ数一六、パイプ数約一〇〇〇本のオルガンは解体して輸送され、石巻市の勝浦オルガン工房による懸命の作業により、献堂式に間に合うように組み立てられた。

導入されたパイプオルガンを宣教のために用いようと、八月一六日にはドイツ在住の教会音楽家で高座教会員である筒井寛子によるコンサートが、一〇月一八日には高座教会のオルガニストたちによるコンサートが、また一一月八日には新宿文化センター専属オルガニスト早島万紀子によるコンサートがそれぞれ開かれ、多くの聴衆が集まった。早島はその際、「ドイツから高座教会に嫁入りしてきたオルガンを、今後いつくしみ深く育ててほしい」と語った。

パイプオルガンを含めて、礼拝堂の改修は一億五〇〇〇万円の予算内で遂行された。教会債とリニューアル感謝献金とが四三〇〇万円を超え、金融機関からの借り入れは不要であった。

主の食卓を囲む礼拝——礼拝堂改修のコンセプト

改修された礼拝堂は、前述のように「主の食卓を囲む礼拝」というコンセプトを基にして検討されたが、それはカンバーランド長老教会の神学にそった礼拝堂を形づくるという意味ももっていた。

カンバーランド長老教会の信仰告白は、「礼拝は神の生ける臨在を証言し、神の力強い御業《みわざ》を祝うことである。礼拝は教会生活の中心であり、すべての信仰者が神の主権と尊厳にふさわしく応えることである」（五・一二）と告白し、さらに「礼拝指針」の「前文」には、「礼拝は、キリスト教会の宣教の基本である。神を礼拝するとは、ご自身を私たちに啓示され、私たちを招集し、ご自分の民であると宣言された神に対する従順を行ないにあらわすことである。礼拝の創始者は神であり、礼拝の中心は神である。……私たちは人間として、欠乏感に迫られて礼拝することを知っている。私たちは自分自身では満ち足りることができないのであり、造り主と出会い、礼拝することによって、完成と充足を経験するのである。礼拝するとは、人間が人間になることである」と明記されている。このようなカンバーランド長老教会の礼拝の神学を学び直した結果、次の五つのポイントを重視した礼拝の実現をめざす礼拝堂となったのである。

① 主の食卓を共に囲む礼拝

カンバーランド長老教会の神学に基づき、主の食卓を囲む一体感ある礼拝を支える空間をめざしている。それをあらわすために、正面の主の食卓と十字架の関係についての基本的考え方を整理した。すなわち、「主の食卓」は聖餐の恵みを意味し、信仰告白によれば、「主の晩餐は、イエス・キリストによって、ご自身の渡される夜に、制定された。それは、十字架上のキリストの受苦と死とを、教会が想起し証しするための手段である。この聖礼典はまた、今の時も続いている復活の主のご臨在と、主の再臨の期待とを、祝い経験するために教会に与えられた永続的な手段である」（五・一三）と定義されるがゆえに、聖餐の恵みをあらわす「主の食卓」にすでに十字架が指し示す恵みも含まれていることと理解する。これを表現するために、正面の主の復活を指し示す十字架から、主の食卓に向かって復活の恵みの光が差し込むようにした。
② 主との親密さを与える礼拝空間
落穂ひろいに来たルツに対してボアズは、「どうか、主があなたの行いに豊かに報いてくださるように。イスラエルの神、主がその御翼《みつばさ》のもとに逃れて来たあなたに十分に報いてくださるように」(ルツ二・一二)と語ったが、礼拝とは一週間の生活でさまざまな疲れや重荷を負って主のもとに帰ってきた神の子たちを、主なる神が慈しみの翼をもって包み込み、回復と力づけを与える時である。この恵みを表現するため、天井と礼拝空間は、まさに翼をもって包むようなものとなっている。
③ 神の臨在の前に進み出る備えをさせる「エマオへの道」
復活の日、エマオへの道を歩む二人の弟子たちに御言葉を説き明かし、食卓でパンをさいてご自身をあらわされた復活の主イエス・キリストと出会う備えをするために、「エマオへの道」を通りながら神の臨在に進み出る備えとなるよう礼拝室入り口前に空間をつくった。
④ 年齢、性別、ハンディキャップなど、さまざまな違いをもつ者たちが共に礼拝を捧げられる礼拝堂
カンバーランド長老教会では、主の日の礼拝を「主日共同の礼拝」と呼ぶ。これは、年齢、性別、生い立ち、健康状態など、一人ひとり異なるユニークな者たちが共に主の食卓を囲み、共に主を礼拝するという意味で「共同」という言葉が用いられている。「主の祈り」において主イエスは、「天におられるわたしたちの父よ」と呼びかけるように教えられた。「わたしの」

ではなく「わたしたちの」と祈ることを教えられた私たちが、共に主の御前《みまえ》に捧げる礼拝こそが、主日共同の礼拝の基本的な要素である。改修された礼拝堂は、共に主の前にいる礼拝者同士、互いの姿が視界に入る礼拝席の配置となっている。それに加えて、「四世代が共に集う教会」を形にあらわし、子どもが家族と一緒に、他の礼拝者と共に礼拝している実感がもてるように、礼拝室へ向けてガラス張りの「親子礼拝室」と、それに続けて子ども連れでもくつろげる「みらいルーム」を設置し、これまで二階にあった子どもの礼拝場所を一階に移動した。

⑤主にある交わりを深める空間

礼拝式のなかに「報告」と「共同の祈り」があるように、お互いの状況を知り合い、主にある交わりを大切にする教会の考え方を、礼拝室に続く「ガリラヤホール」と、エマオへの道の脇にある「コイノニアテラス」という礼拝室に付属するスペースによってあらわすことにした。「ガリラヤで会おう」と言われた復活の主の言葉を思い、また、キリストの贖いによって実現した「主にある交わり」を意味する「コイノニア」という名前を付けることによって、礼拝に集った者同士の、主にある交わりがさらに深められるようにとの願いが込められた。

当初、改修される前の礼拝堂の厳粛な雰囲気を懐かしむ声も聞かれたが、これら五つのポイントに示される改修後の礼拝堂のコンセプトは、しだいに教会員のあいだにも浸透していった。

18 地域に開かれた教会と宣教をめざして

認定こども園への転身

二〇一四年に礼拝堂を改修し献堂したことは、長いあいだの祈りと願いであった礼拝の環境が整い、高座教会の歴史において、神に祝福された一つの区切りの時を迎えたことでもあった。「高座教会ミッションステートメント」は、この教会に神から託されている究極的な使命が「この地域をキリストの福音で満たし、神の国を実現する」ことであると宣言した。これは、高座教会の宣教が「大和市とその周辺地域」を視野に入れた働きであるべきことを明確にしたことを意味しており、これまでの南林間にある礼拝堂に「一点集中」する宣教の働きから、複数の伝道・礼拝拠点を開拓していく教会形成へとシフトしていく時期に来ていることが示されたのである。つまり「産み出す教会」の姿である。

高座教会の働きのなかでもとくに大切なものが高座みどり幼稚園の働きであった。その高座みどり幼稚園を取り巻く社会状況に大きな変化が起こっている。働く女性が増加するなか、若い世代には、将来の生活に不安を感じて結婚や出産をあきらめざるをえないと考える人や、仕事が忙しく子育ての時間が十分にもてないと考える人たちなどが多くなってきたのである。そのような人々が暮らすコミュニティーにあって、高座みどり幼稚園がどのようにしてそうした問題を抱える人たちや家庭に仕えていけるのかを検討し、二〇〇七年、「高座みどり幼稚園ミッションステートメント」を発表した。

高座みどり幼稚園は、キリスト教の人間観に基づき、子どもたちの全人的な成長を祈り求め、総合的な幼児教育を展開するコミュニティー幼稚園をめざします。

あるとき、主イエスはこちらに向かって走ってくる子どもたちを一人ひとり抱き上げ、手を置き、祝福した。抱き上げられた子どもはもちろん、順番を待つ子どもたちも期待で胸が膨らんでいたことであろう。そうした彼らの表情や姿、喜ぶ声を聞き、親たちも幸せになったに違いない。主イエスが示した「抱き上げる」「手を置く」そして「祈る」という三つの動作は、それぞれ、「スキンシップ」「祈り」「褒め、そのままの姿で尊重し認める」ことを意味すると、高座みどり幼稚園では教えてきた。この三つの動作は、「あなたは大切な人です」ということが心に届く仕方で子どもたちに伝わる愛の言葉となる。

子どもは、そうした主イエスと接することで、自分は愛されている存在であること、自分は大事な存在であることを実感し、初めて他者を愛する人へと育てられる。これが、高座みどり幼稚園のめざしているキリスト教保育の基本である。一人ひとりの子どもをキリストのもとに連れていき、「あなたは大切な人です」というメッセージを心の深いところで受けとめてもらうということである。

変わりゆくコミュニティーに暮らす人々の子育てと生活を応援し、そしてなによりも「幼子をキリストへ」をモットーに、「高座みどり幼稚園ミッションステートメント」にあらわされた伝道と社会的責任を果たしうる幼稚園であることを祈り求めた結果、理事会は、幼稚園と保育園の良さをあわせもつ「認定こども園」への移行を決断した。園舎を新築し、二〇一五年四月、高座みどり幼稚園は「学校法人高座学園 幼保連携型認定こども園 高座みどり幼稚園」として新しいスタートを切った。国・神奈川県・大和市からおよそ三億三〇〇〇万円の助成を得て完成した新園舎は、新しい保育への期待の大きさを物語っている。

その一方で、「赤いお屋根に青い空」と園歌で歌われてきた「赤い屋根」が消えたことを惜しむ声もある。「赤い屋根」が象徴してきたキリスト教保育の理念と、現代の社会的要請をどのようにして同時に実現できるかは、今後に残された最大の課題であろう。

ガリラヤ湖型クリスチャンをめざす信徒教育「エクササイズ」

創立七〇周年を迎えた高座教会は、「受けるよりは与える方が幸いです」という主イエスの言葉（使徒二〇・三五）に導かれ、「死海型クリスチャン」ではなく、神の恵みに応答して生きる「ガリラヤ湖型クリスチャン」へと霊的に成長し、「祝福の源」として周囲の方たちへの証しとなることを祈り求めている。

この「ガリラヤ湖型クリスチャン」という表現を高座教会に紹介したのは吉﨑忠雄初代牧師で、一九九二年に行なわれた成人教育の講師として招かれた時であった。吉﨑牧師は一九五〇年代半ば、総会（ＧＡ）に出席するためにテネシー州ノックスビルを訪問した折、当地の教会を訪れたが、その教会の牧師はカンバーランド長老教会を代表する神学者Ｅ・Ｋ・リーガンであった。そこでリーガン牧師から吉﨑牧師は「クリスチャン・スチュワードシップ」という信仰姿勢を教えられたという。吉﨑牧師は地図を示しながら、パレスチナにガリラヤ湖と死海の二つの湖があり、私たちにも「ガリラヤ湖型人間」と「死海型人間」の二種類があると説いた。ガリラヤ湖は北からきれいな水が流れ込むが、その水をヨルダン川を通し南の死海へと流す。これに対し死海はガリラヤ湖からヨルダン川を経て受けた水を一滴も外に流さず、すべて自分のものとして抱え込む。その結果、生物が何一つ生息できない「死の海」となっていった。しかしガリラヤ湖はいまでも多くの生物を宿す「生きた湖」として緑豊かな自然に恵まれている。私たちクリスチャンの生き方とは、「ガリラヤ湖のような生き方」であるべきで、これこそがカンバーランド長老教会の特徴であるクリスチャン・スチュワードシップに生きるということだ、と語ったのである。

こうした「ガリラヤ湖型クリスチャン」へと霊的に成長し、「キリストに似た者に変えられる」

ことを求める信徒教育プログラムとして、二〇一五年四月から「エクササイズ」の学びが始められた。テキストは、米国カンザス州フレンズ大学のジェームズ・ブライアン・スミス教授による霊的形成の三部作で、第一部は「生活の中で神を知る」、第二部は「神の国の生き方を身につける」、第三部は「共に神の愛に生きる」ことを目標としたカリキュラムが組まれている。第一部は松本牧師が、第二部と第三部は徳子夫人が翻訳に当たった。三冊のテキストは、いのちのことば社から公刊された。

人は誰もが心の奥深くに神への深い憧れとともに、喜ぶ者と共に喜び、泣く者と共に泣ける人になりたい、神を愛し、隣人を愛する生活を送りたいという願いをもちながら生きている。しかし現実は、そうした憧れや願いとは逆の生き方になりやすい。「エクササイズ」では、信仰の変容が始まる最初のステップが「自分の物語の意識化」であると説く。「自分はどういう物語によって生きているのか？」「何が価値あることなのか？」「人生における成功とは何を意味するのか？」こうした大切な問いに対する答えを、人は育った家庭や環境の影響を受けつつ獲得し、さらに一度身についた物語はその人の心深くに根づく。この学びに参加した教会員は、最初の修練のテーマが「睡眠」であることに度肝を抜かれ、「眠ることとイコール怠けることと思っていたが、睡眠がいかに大事で信仰生活とも深く関係するのかが分かり解放された」との感想が寄せられた。

学びによって、自分の「物語」に気づき、それがいかに「イエスの物語」と異なっているかを知らされ、聖霊の助けにより「物語の書き換え」へと導かれ、歩みが変えられていく経験が始まっている。

教会員数が増加してきたなか、「エクササイズ」の学びによって、とかく自分たちのニーズを満たす「内向き」な傾向があることに多くの教会員が気づかされ、自らが「祝福の源」として、この地で神から託された宣教の働きに参与していくために軸足を外に向け、「他者のための教会」というアイデンティティを確立する必要性を確認した。

求道者にも開かれた「ファミリーチャペル」と「ホッとスペース〝虹〟」

二〇一五年からは、幼稚園と教会学校の保護者を対象に、毎月第二主日の九時一〇分からの礼拝を「ファミリーチャペル」と名づけ、求道者を第一対象とする伝道礼拝として位置づけた。

また、高座みどり幼稚園が認定こども園の園舎建設中に使用したプレハブ仮園舎を教会が譲り受け、「シャローム館」と命名した。そして三部屋の一つを「ホッとスペース〝虹〟」と名づけて、教会活動の柱である「三つのめざすもの」の一つ「地域へのオアシスの場の提供の実現」を目的に、地域の人々に開放することにした。神の祝福のしるしである「虹」に、地域と教会の懸け橋、いろいろな人々が集まれる場となることの願いを重ねたネーミングである。この部屋は、幼稚園の保護者と子どもたちの居場所、教会員がひと息ついたり会合したりする場、「お茶カフェ」「和の小物作り」「手芸の会」などの小グループ活動の場などとして用いられている。また、隣の「スカウトルーム」では「健康体操」の活動が行なわれ、もう一部屋は「ナザレ児童図書」として、また週一回の放課後に開かれる「子どもオアシス」に使われている。

人生の四季の歩みを支える学び

「四世代が喜び集う教会」の実現のために、誕生、入園、入学、成人式、結婚、出産、敬老など、人生の四季折々を祝う行事（幼児洗礼、成長感謝礼拝、洗礼・信仰告白、成人の祝い、結婚式、敬老感謝礼拝など）とともに、人生の四季の歩みを支えるプログラムの充実をはかった。その一つとして、二〇一六年からは夫婦を対象とした「マリッジコース」を開始した。参加者からは次のような感想が寄せられている。

「いちばんの収穫は、三十数年の結婚生活をふり返り、子どもたちが巣立って二人の時間を充実させ、成熟した関係を築き続けるためのヒントをたくさんもらえたことです」「主人が夫婦関係を大切に思っていてくれることが分かってうれしかったです」「これまでの二人の時間を具体的な課題を通してふり返り、その大切さを確認し合うことができました。共通した関心事もあれば、異なったことに関心をもっているという『相違点』もあった。それをいかに互いに受け入れていくか、といった課題があることが分かりました」「これからも二人が衝突してしまうことがあるかもしれませんが、マリッジコースでの学びを忘れずに、お互いの違いを理解しつつ、夫婦として成長していきたいと思います。結婚したばかりの時期にマリッジコースを受けることができてよかったです」「結婚年数に関係ないと聞き、いま現在二人で過ごす時間が増えたので、その時間の使い方を考えてみたいと思い、参加しました。直接口にしてまで言わなくてもいいと思ったり、面と向かって言えずにいたことを『書く』ということで改めて知ったり、きちんと伝えられたことがよかったです」

また人生の終焉を整えることに心を砕く世代のために、教会員とその家族を対象とした「天国への引っ越しに備えて」というセミナーを行ない、多くの教会員がその必要を感じている現実があることがわかった。

新しい礼拝の試み「プレイズチャペル」

若い人たちのためには、ゴスペルソングを多用する「プレイズチャペル」という新しい礼拝を始めた。

礼拝に用いる賛美を『讃美歌21』に限定して礼拝を守ってきたこれまでの基準を見直し、新しい歌なども取り入れ、より豊かに神をほめたたえる礼拝の検討を重ね、「プレイズチャペル委員会」（委員長＝今井俊夫、委員＝和田一郎、片桐美穂子、柴田裕、澁井真代、宮池正子、柳沢美登里、横山大輔）を設置した。賛美奉仕者との話し合いなども重ねながらプログラムをつくり、教会員が参加する試行礼拝を何度か行なうことによって、高座教会にふさわしい主日共同の礼拝としてプレイズチャペルは整えられた。

プレイズチャペルは第五週の主日午後三時から行なうこととし、九時一〇分、一一時、午後七時の三つの礼拝に加えて、四つ目の主日共同の礼拝として、二〇一七年七月から開始した。この礼拝では、二〇一八年に按手を受けて就任したばかりの和田一郎副牧師が説教の担当となった。同時に、賛美チームが編成され、そのリーダーとして信徒宣教者の横山大輔が指名された。

和田一郎副牧師は、二〇一一年三月一一日に起こった東日本大震災で被災した人々の住む地域へのボランティア活動で気仙沼第一聖書バプテスト教会を訪れ、嶺岸浩牧師と出会った。そうした出来事を通して自らの人生の歩みをふり返り、献身の召命を自覚して民間会社を退職し、東京基督教大学大学院を卒業した二〇一六年、高座教会の伝道師として着任、二〇一八年四月から副牧師としての働きが始まっている。また同年、宮城幹夫元主事の子息、宮城献も同大学院を卒業し、伝道師として働きに加わることとなった。

以上見てきたように、高座教会は現在、多数の教会員のそれぞれの信仰的ニーズに応えるべく、さまざまな集会・行事を展開している。主日共同の礼拝についても、ファミリーチャペル、プレイズチャペルなど、それぞれに特色をもたせる試みを始めた。

しかし、牧師だった当時から説教中心主義を信条とする丹羽義正は、「教会の最大の課題はいつの時代にあっても、この世に対して神の言葉をどのように語り伝えていくかである」と言う。「説教塾」を通して丹羽に大きな影響を与えた加藤常昭牧師は、かつて牛込払方町《はらいかたまち》教会を牧会していたときに、求道者も含めて、礼拝出席者たちと自由に説教について話し合う会を、月に一度以上開いていた。丹羽は加藤師から具体的に説教について話し合ううえでの留意点について教えられたことが深く心に刻まれ、「牧師の伝える神の言葉によって、教会は立ちもし倒れもする」という意識を共有することによって、自ずから牧師の役割と信徒の役割が明確になり、互いにその本来の務めを誠実に担い合う教会の体制をつくり出すことが可能になるというのである。

説教中心主義のみによって牧会が必ずしもうまくいかないことは、丹羽自身、成瀬教会で経験したところだが、教会のいちばん根底にある課題が何であるかを教職者と信徒が共有していくために、あるいはこうした説教についての話し合いを試行してみることも有益であるかもしれない。

高座教会での働きが三三年目を迎えた松本雅弘牧師は、「神がこの地に生まれさせ、導き育ててくださった高座教会の歴史をふり返るとき、信仰の先輩たちから受け継いだ福音のバトンをしっかりと受け継ぎ、次の世代に手渡す責任を感じる」と言う。そしてこう続けた。「福音それ自体は永遠に変わることはないけれども、バトンを手渡された若者たちは、そのバトンを握って新しい独自の発想と、場合によってはいままでとは全く異なる仕方で走り続けることであろう。主が与えられた彼らの可能性に期待し、熱い眼差しと温かく大きな声援を送りながら、高座教会がこの地域をキリストの福音で満たしていけるように、共に備えられた信仰の競走を忍耐強く走り抜きたい」。

19 これからの高座教会

私たちは七〇年の歴史をたどってきた。ここであえて重複をおそれずこれまでの歩みを簡潔にふり返ってみると、敗戦直後、壊滅的だった日本を文化の香り高い民主的な社会として再建しようと意気込み、キリストにその拠りどころを求めた数名の有志が、教会を創設した。吉﨑忠雄牧師を招聘して毎週の礼拝をもつようになった教会は、ごく自然に同師の所属する日本基督教団の一教会となった。

吉﨑師は元来、牧師が教会運営を主導する監督制をしくメソジスト派の牧師であり、いまだ組織的に整備されていなかった初期の高座教会を代表して八面六臂の活躍をしたが、メソジスト派が開拓した教会ではなかったから、運営はむしろ監督派的というより直接民主主義的な会衆派教会に近かった。宗教法人化を申請するとき、教会員全員で構成する教会総会を最終的な決定機関としたことからも、このことは明らかである。

まもなく主として財政的な理由からカンバーランド長老教会に移行するが、長老会（小会）と教会総会の二重構造は、具体的な教会運営上の問題に直面して明確な代議制の長老教会になるまでに長い時間を要した。近年ようやく長老の世代交代が起こりつつあるが、投票率は高いとはいえず、今後活気ある教会運営を進めていくためには、選挙のやり方を含めて、長老の選出に対する教会員の関心を高める工夫が必要であろう。

＊

戦後の日本のキリスト教会の成長には、私たちの教会に限らず、占領軍あるいはアメリカを本拠とする諸教派の援助が大きな支えの一つであった。占領終了後もアメリカから来日した宣教団によって、戦前からの教派とは別に、「福音派」と総称される多くの教派・教会が誕生し、プロテスタント教会は従来からの日本基督教団を中心とする日本キリスト教協議会（ＮＣＣ）と、新興の福音派諸教会が集合する日本福音同盟（ＪＥＡ）に二極化して伸展してきた。

ＮＣＣ系の教派とくに日本基督教団では、戦争協力の責任追及が始まったのをきっかけに、大阪万博キリスト教館出展、東京神学大学への機動隊導入、靖国神社法案などをめぐって内部対立が続き、神との縦の関係を重視し伝道に注力する「教会派」と、人間同士の横の関係を重視し社会問題に積極的に取り組む「社会派」との対立によって、教勢は長いあいだ低迷した。

これに対し福音派は、聖書無謬《むびゅう》説に立つ保守的信仰、敬虔な生活、熱心な伝道を特徴としており、聖書を分析・批評して福音やキリスト教を相対化する自由主義神学や政治運動に傾く路線とは一線を画し、大幅な成長を実現した。『キリストにあってひとつ――日本プロテスタント宣教一五〇年の記録』によれば、福音派の信徒数は一九四八年のおよそ二〇万人から、六八年までに四〇万人にまで増加している。

カンバーランド長老教会はファンダメンタルな信仰が根強いアメリカ合衆国南部を本拠地としているが、神学的にはプロテスタント主流派に属している。その教会の一肢としての日本中会は、各教会がいずれも戦後誕生しており、教会として直接戦争にかかわることはなかったが、しかしそれにもかかわらずキリストのからだの一肢として、一九九五年八月一五日に「戦後五〇年にあたって――過去の罪責の悔い改めと将来への決意」を中会決議として告白し、その告白に沿って社会的・政治的な問題にも取り組む努力を続けている。

こうした教派に属している高座教会は、信仰をもたない者たちが中心となって誕生した教会であり、規模においても日本の教会では珍しいほどの人数からなり、それでいて、教会員の多くが教会のある南林間を中心とした地域に居住している。歴代の牧師たちも神学的出自は異なり、しかも「生え抜き」というよりは他教派で信仰をもったのちに高座教会にやってきた者たちがほとんどである。ひとにはそれぞれに指紋があるように、一つひとつの教会にもその教会独自のユニークな「指紋」があると、ある牧師が語っていたが、このような点からしても、高座教会は日本中会の中でもユニークな歩みをしてきた。

＊

ここで視野を広げて将来に目を転じるとき、私たちの高座教会を取り巻く環境は、数年のうちに急激な変化が予想される。その一つは日本社会が直面しようとしている「二〇二五年問題」と呼ばれる超高齢化社会の到来である。教会においても、その働きを担ってきた団塊の世代の多くがそのころにはすでに後期高齢者となっている。加えて少子化による人口減も進み、子どもや若者の占める割合は急激に減少していくであろう。多様なエンターテインメントをいつでも手軽に楽しむことのできる時代に、子どもや若者の教会離れがいよいよ深刻化する傾向は、すでに顕著である。私たちは、今後新しい世代にどのように福音を伝えていくかという課題に直面している。

「日本クリスチャン・アカデミー」の機関誌『はなしあい』二〇一九年一一月号は、日本の多くの教会で信徒の高齢化と教職志願者の減少によって小規模教会の維持が困難になり、専従牧師がいない教会が増えていると報じている。二〇一九年秋に日本基督教団のある地方教区で開かれた教師研修会では、地区内の六つの教会・伝道所に三人の専従牧師しかいなかったという。したがって、一人の牧師がいくつもの教会・伝道所を代務者として兼任している。すでにこの教区では、いくつかの教会の廃止・統合が行なわれており、一〇年後には、維持できる教会・伝道所の数は三分の二に減るのではないかと予測している。

こうした状況は世界的にキリスト教界の現状を見ても予測されることで、日本基督教団に限られた問題ではない。長年にわたって多数の神学大学・神学校に進む者や伝道師・牧師を輩出してきた高座教会でも、現在は神学生が一人もいない状態が続いている。カンバーランド長老教会日本中会は二〇一九年、牧師の定年年齢を六五歳から七〇歳に引き上げた。

教職者の不足にどう対応していくか。前章のエクササイズや小グループ活動に関連して触れたように、教会員が自らを祝福の源として神から託された宣教の働きに参与していく必要性は、今後いっそう高まっていくと思われる。

神学生の減少のみならず、若者全般の宗教離れが指摘されることも多い。しかし、東京大学で宗教学を講じてきた鶴岡賀雄名誉教授によると、同大学では宗教学の講義は学生たちのあいだで最も関心をもたれ、受講者が多いという。特定の宗教の信者ではなくても、若者たちの多くが自分を支えるなんらかの対象を希求している場合が多いというのが鶴岡教授の実感である。日本のキリスト教信者は人口のわずか一パーセントにも満たないが、聖書を手にした人の数はその何十倍もいる。たとえば、日本聖書協会の報告によると、二〇一一年度から一五年度までの聖書の年間頒布数は、おおむね一〇万部を超えている（『二〇一六年度日本聖書協会年報』）。また信者数の現状からは想像しにくい数字だが、幼稚園から大学まで含めると、そのどこかでキリスト教系教育機関を卒業した者の数は、総人口のおよそ一〇パーセントにのぼる（カトリック中央協議会『キリスト教に関する調査報告書』）。

教会の活動は当然のことながら神と人間との縦の関係が中心であるべきだが、同時に地域社会の人々との横の関係も大切である。私たちの教会は創立の時からコミュニティー・チャーチを自称し、地域の教育・文化活動の中心となることをめざしていた。その伝統は引き継がれ、現在も教会のめざす三つの目標の一つとして「地域へのオアシスの場の提供の実現」を掲げている。高座みどり幼稚園は教会創設者たちが夢見た地域の教育・文化活動が実現した例である。

これまで、みどり幼稚園に子どもが入園したことを契機に、まずは母親が「ノア会」に参加し、ついで家族が礼拝に出席、しばらくして洗礼へと導かれる流れがあった。しかし現在、その流れは滞りがちになっている。背景には、一五歳から六四歳の女性の七割近くが仕事をもち、以前は礼拝参加や受洗への過程として有効であったプログラムに参加しにくくなってきたという事情がある。

園児の獲得競争が激しくなって送迎バスや給食が普及してからも、みどり幼稚園は子どもの送り迎えは保護者がすること、そして家庭で用意した弁当を子どもにもたせること、という原則を崩さなかった。それがキリスト教保育の理念にかなうやり方であると、長いあいだ園長を務めた田中清隆は確信していた。しかし子どものために「教会の幼稚園」を選択する家庭のニーズと、親が働くためなどの事情により子どもを「保育園」に託す家庭のニーズには違いがある場合も多い。教会のプログラムに参加しにくいのは、必ずしも時間的な制約のためばかりではない。伝道色を感じさせるプログラムには、そもそもキリスト教保育を選択したわけではない親は関心をもちにくいであろう。園児の親が教会に近づきやすくなるためには、多彩な教会員の人的ネットワークを活用して、より広いテーマで社会問題や人間の生き方を考える催しを企画することも必要かもしれない。

高座教会にはヨベル館の大小数多くの部屋をはじめ広い礼拝堂など、恵まれた施設がある。それらを生かして一般市民をも対象としたさまざまな講演会、読書会、映画鑑賞会、音楽会などを催し、教会創設者たちが考えていた文化活動を展開することによって、広い意味での宣教の活性化をはかり、真に地域にオアシスの場を提供しうる可能性は十分あるであろう。

園児の保護者など働き盛りの人々にもまして援助と生きがいをもてる場が必要なのは高齢者である。教会はすでに地域の高齢者に昼食を含めた交わりの場を提供する「いこいのへや」とか「ホッとスペース〝虹〟」の一般市民への開放、「お茶カフェ」の定期的開催などの活動を行なっている。高齢化はますます進んでいるから、今後この種の奉仕活動をより充実させていくことも求められるであろう。

長年礼拝に出席することを生きがいとしていた教会員が高齢になって施設に入所したりして、出席が困難になっている現状がある。高齢者の送迎についてはこれまでたびたび検討されてきたが、経費などさまざまな理由から実現せず、一部の教会員が個人的にボランティアとして、限られた人の送迎に奉仕しているのが現状である。

一例だが、自治体が運営するコミュニティーバスのなかには、乗車場所は決まっていても、降車は希望する場所でできることになっているところもあると聞く。大和市の場合、最近では停留所の名前に企業名などを採用して広告収入をはかっており、その数も増やしているようである。年間一定の支出を覚悟すれば、「高座教会前」の停車が実現する可能性があるのではないか。教会独自で送迎車を用意するよりはるかに支出は少なくて済むと思われる。たとえば教会の駐車場の一部を停留所に提供し、交換条件としてバスを停めてもらうことも交渉の余地があるかもしれない。今後の課題の一つであろう。

＊

＊

ここまでコミュニティー・チャーチという創立以来の理想を実現すべく、教会は教育・文化活動にも力を注ぐ必要を強調してきたが、忘れてはならないのは、「地域へのオアシスの場の提供の実現」はあくまで、①キリストを知り、キリストを伝える、②礼拝に生きる、③御言葉と祈りに生きる、④主にある交わりに生きる、⑤クリスチャン・スチュワードシップに生きる、という高座教会が定めた信仰生活の五つの基本を前提にしていることである。

高座教会では、人々の多様なニーズに対応するために、共通の関心をもつ人々の集まりとしてニーズ型小グループ活動を導入し、そのグループ数は増加しつつある。ところが皮肉なことに、求道者にとってニーズ型小グループ自体が最終的な居場所となり、信仰共同体としての生命線である主日共同の礼拝に導かれる前にニーズが満たされた気分になり、神に向けて造られた人間が備えもつ「本来的な願い」に気づく前で足踏みする例が多く見受けられる。

一方ではホームページを見て教会を訪れる人や、ミッションスクールに通う生徒が学校の課題として礼拝に導かれるといったケースなどが出ていることも事実である。幸いなことにここ数年の礼拝への新来者数は、とくに減少傾向にはない。年間の受洗者数も平均一二名を数えている。しかし、主日共同の礼拝出席者の数がその分増えることはなく、礼拝堂改修後の毎週の出席者数は三回の礼拝を合計しても、四五〇名前後にとどまっているのが現状である。かつて一〇〇〇人を収容する大礼拝堂を計画した高座教会はいま、停滞期に入ったのであろうか。

この点について松本牧師は「教会の働きを評価するのに、礼拝にどれだけ多くの人が集まっているか（Attendance）、どれだけ立派な建物を有しているか（Building）、そしてまた、どれだけの教会財政の規模があるか（Cash）という、ABC三つの物差しを当てて判断することが多いけれども、私たちはいま一度、昇天を前にした主イエス・キリストが教会に大宣教命令を発せられたときの言葉に耳を傾ける必要がある」と説く。

「イエスは、近寄って来て言われた。『わたしは天と地の一切の権能を授かっている。だから、あなたがたは行って、すべての民をわたしの弟子にしなさい。彼らに父と子と聖霊の名によって洗礼を授け、あなたがたに命じておいたことをすべて守るように教えなさい。わたしは世の終わりまで、いつもあなたがたと共にいる』」（マタイ二八・一八―二〇）。ここで復活の主イエスは、「行きなさい（行って）」、「洗礼を授けなさい（授け）」、「教えなさい（教え）」と、のちの教会が大事にすべき三つの営みを命じているが、ギリシャ語原文ではこの三つの営みをあらわす動詞がいずれも分詞形で、一つの動詞にかかっている。それが「弟子にしなさい」という主動詞である。すなわち人々のところに出て行くことも、洗礼を授けることも、聖書を守るように教えることも、いずれも「弟子にしなさい」という命令に集約されている。

松本牧師は、「ABCの物差し」という世間一般の評価基準にとってかわる「神の物差し」、すなわち「D（disciple ＝真の弟子の養成）の物差し」で宣教の働きを評価することを、いま高座教会で取り組んでいる『エクササイズ』の著者ジェームズ・ブライアン・スミスから学んだ。

そして、ＡＢＣからＤへという物差しの転換を考えるとき、同時代に生きた二人の人物、イエスとヘロデを思い浮かべている。

ちなみにイエスの地上での生涯は三三年間であり、ヘロデの治世も三三年間続いた。ヘロデはイエスが誕生したときのユダヤ王で、マタイによる福音書によれば彼は新たな王の誕生を恐れて、すべての二歳以下の男の子を虐殺しようとした。ただし一般的な評価では、ヘロデは優れた都市計画者として知られている。人工湾岸都市カイサリア、大要塞マサダ、アウグストゥスの名を冠した新都市セバステ（サマリア）、エルサレムのアントニア要塞、要塞都市ヘロディオンとマカイオスなどは、すべてヘロデの時代につくられ、彼はヘレニズム君主として、パレスチナや小アジアのユダヤ人が住む諸都市にも多くの公共施設を提供したとされている。しかし、なんと言ってもヘロデの名を偉大なものとしたのは、「ヘロデ神殿」と呼ばれる第三神殿の建設である。それはソロモン神殿を超える規模であり、ローマ帝国はもとより広く地中海世界において評判となり、離散したユダヤ人のみならず、ユダヤ教徒でない者までが神殿のあるエルサレムを訪れるようになった。「ＡＢＣの物差し」を用いるならば、ヘロデはまさに抜きんでた業績を残した人物であった。

これに対してイエスは、民と土地を有する王となることもなく、当時の人々が目を見張るような建造物を建てることも、巨万の富を築くこともなかった。「ＡＢＣの物差し」で測れば、ヘロデと比べるべくもない。しかし、二〇〇〇年後の現在、ヘロデの業績は遺跡としては残るものの、彼自身の影響力は皆無に等しいが、イエスの影響力は世界に拡がり、ナザレのイエスはイエス・キリストとして世界史上もっともよく知られ、大きな影響を及ぼしている。世界の二〇億の人間がキリスト教徒を自認し、イエスこそ自分と神との関係の中心、そして自分の生き方の中心にあるべきだと信じているのである。

イエスはベツレヘムに誕生し、ガリラヤのナザレに育ち、およそ三〇歳で公生涯に入った。現代風に言えば、神学校を建てて多くの人材を養成し、さまざまな組織や団体、病院や教育機関をつくることを考えてもよさそうである。しかし、イエスは一切そうしたことをすることなく、「世の無に等しい者」（Ｉコリント一・二八）、つまり漁師や徴税人たちと徹底的に生活を共にしたのである。世界布教はおろか、ガリラヤとユダヤ周辺、せいぜいサマリアまたはヨルダン川の東岸で宣教したに過ぎず、日本の四国程度の地域を巡回してイエスが行なったのは、まさに人づくりであった。「ＡＢＣの物差し」に代わる「Ｄ―神の物差し」に従ったのである。三年にわたる公生涯において、わずか十数人の者たちと徹底的に生活を共にすることで、弟子である彼らが、「イエスに似た者になること」「小さなキリストとして生きること」を求めた。

アメリカの長老派牧師で神学者のユージン・ピーターソンは、イエスは公生涯のおよそ九割の時間と労力とを一二人の弟子たちに投資した、と書いている。ところがその結果、本当にすばらしい弟子たちが育ったかと言えば、残念ながら必ずしもそうではなかった。その証拠に、イエスを裏切った弟子もいるし、十字架による処刑の場面で、ほかの弟子たちもみなイエスを捨てて逃げてしまったのである。しかし、弟子たちのこの現実を踏まえたうえで、復活したイエスは最終的に彼らにこう語った。「エルサレムを離れず、前にわたしから聞いた、父の約束されたものを待ちなさい」（使徒一・四）。そしてこの「父の約束されたもの」こそが、聖霊であった。その後、地中海世界を揺り動かした教会の働き、クリスチャンの働きが可能となるために、公生涯で弟子たちを愛し、すべてを与え尽くしたイエスが最終的になしたことは、自分の霊をもって弟子たちを満たしたことである。昇天していくイエスが残した最後の、そして最高の贈り物であった。

七〇年前にこの地域のリーダーたちの心に働きかけ、「私たちに必要なのはクリスチャニティだった」と気づかせたのは、この聖霊の働きを抜きに考えることはできない。緒言で松本牧師が説いているように、イエスが信仰の創始者であり完成者であるならば、教会を取り巻く状況が急激に変化するなかにあっても、聖霊の働きによって守り導かれることを確信してよいはずである。高座教会の宣教活動の中心は、イエスが大切にされた、「Dの物差し」に従った人づくりであり、私たちはこの地域において、家庭や学び舎《や》、そして職場において、「小さなキリスト」のように地の塩、世の光として証しをしていかなければならない。

＊

その証しとは具体的にどのような生き方であり、どのような宣教なのであろうか。これは教職者と教会員各自に問われている課題であり、時代に対応しながら模索すべき答えを、ここに列挙することは不可能である。しかし、私たちを取り囲む社会情勢の変化のなかで、これからの宣教にあたって考慮すべき問題を一つだけ指摘しておきたい。

すでに見てきたように、高座教会は当初、日本基督教団の吉﨑忠雄牧師を迎えて、同教団の一教会として出発し、その後アメリカを本拠とするカンバーランド長老教会に属することになった。生島陸伸牧師の時代にも、カルヴァンの著作や日本の改革派・長老派牧師の著作などの学びによって、長老派教会としての意識がしだいに培われていったが、共同牧会時代以降、初めて改革派・長老派のなかでもカンバーランド長老教会という教派をはっきり意識し、その信仰告白に基づいた教会形成が行なわれるようになった。そして注目すべきは、自分たちの信仰の特徴が明確になるなかで、実は教派を超えた交流、そして宣教協力も活発になったことである。

現在、教会員の高橋信夫は大和ＹＭＣＡ運営委員長を務め、高座教会から数名が運営委員として「平和を祈る集い」、在日外国人家族を主な対象とした「ファミリー・クリスマス」、障がい者とともにクラシック音楽を楽しむ「輪和Waコンサート」などの企画・運営にあたっている。ＹＭＣＡというエキュメニカルな組織を通して、市内のカトリック教会、単立教会である大和カルバリーチャペル、日本基督教団の林間つきみ野教会、高座渋谷教会、日本キリスト教会大和教会などと協力して活動を続けているのである。

高座教会の会員にはまた、地元の市議会議員になった者もいる。日本中会の姉妹教会の会員のなかには市長に当選した者も出ている。最近、教職も含めて教会員が「憲法九条やまとの会」や「大和市民アクション」という平和運動の共同代表や呼びかけ人となり、これらの会が主催する集会に参加する教会員も多くなった。社会の保守化が進むとともに、こうした動きは今後さらに盛んになることも予想される。さまざまな政治的信条につながる人間で構成されている教会がいかなるスタンスでこれに対応するかは、今後の重い課題になるかもしれない。

また高座教会では、近隣に住む外国人あるいは日本に帰化した人々を対象に、ヨベル館などの施設を提供して、地の塩コミュニティーブラジル人集会（上田ルイス牧師）、スペイン語礼拝（盛小根シルビア牧師）、そしてフィリピン出身の人々からなる英語によるMCM（Miracles of Christ Ministry）集会（望月アンヘリナ牧師）の便宜をはかっており、年に一回はこれらの人々と共に合同礼拝も行なっている。

日本政府は現在、人口減による労働力不足を解決するために、外国人労働者のさらなる受け入れをはかっており、今後、キリスト教徒ばかりではなく、多数のイスラーム教徒、シーク教徒なども隣人として迎える状況が予測される。「地域へのオアシスの場の提供の実現」をめざす高座教会は、さまざまな信仰をもつ人間が生活する地域社会で宣教活動を進めるようになった場合、他者の信仰にどう接するのか、たいへん難しい課題に向き合うことになるであろう。日本のキリスト教徒の場合、自分の信仰を自ら選択した信者も少なくないが、世界の圧倒的多数の人々は、自らの信仰を「選んだ」とは言いがたく、その多くは生まれた地域や時代、またその家族の信仰を受け継いでいるからである。

イギリスの長老派の、どちらかと言えば保守的な牧師であったジョン・ヒック師は、グローバル化によって多民族都市化したバーミンガムに赴任し、地域の市民活動に尽力するなかで、宗教多元主義の神学を提唱するようになった。『神は多くの名前をもつ』と彼が説いた宗教多元論は、キリスト者に衝撃を与え、また大きな影響も与えた。

高座教会は今後とも「イエス・キリストを信じる人であふれる地域社会の実現」をめざして活発に宣教活動を展開しなければならない。しかし、その実現に向かっては、広い視野で世界情勢を見極め、思慮にあふれる活動を展開することが、いっそう必要になってくるに違いない。

一九八四年版カンバーランド長老教会信仰告白は、「使徒的使命を遂行しようとするとき、契約共同体は、イエス・キリストを主と認めない宗教の人々に常に出会って来たのであり、そのことは今日においても同じである。キリスト者は、他の宗教を信奉する人々に敬意を払いつつも、イエス・キリストによって与えられる救いの福音を彼らにも伝えていく責任がある」と告白している。

＊

エフェソの信徒への手紙は、私たちは神に造られたものであり、神が前もって準備してくださった善い業を行なって進むのだと教えている。しかしそれは、あらかじめ決められた道を受動的に歩むことを説いているのではない。ヘブライ人への手紙では、すべての重荷や絡みつく罪をかなぐり捨てて、自分に定められている競走を忍耐強く走り抜くことが求められている。

松本牧師は高座教会の七〇年を顧みて、まず私たちは、「神が前もって準備してくださった善い業」をどれだけ行なってきたのか、「定められている競走」をどのように忍耐強く走り続けているのか、それが神と「おびただしい証人」言い換えれば歴史の前に問われていると総括する。改めていま、この時代に、「神が前もって準備してくださった善い業」すなわち「一《いち》ローカル・チャーチ」としての高座教会への神の願いがどこにあるのかを、つねに神に尋ねつつ歩む姿勢が問われているというのである。

高座教会は、カンバーランド長老教会日本中会や全カンバーランド長老教会、そして日本やアジア、世界に広がるキリストのからだなる教会の一肢である。主イエス・キリストは「わたしはぶどうの木、あなたがたはその枝である」と語ったが、世界に広がるキリストのからだなる教会の一肢であることの自覚と、同時に実際的なつながり、言い換えればネットワークの構築が今後の課題となっている。松本牧師はこう締めくくる。


七〇年の歴史をふり返り、高座教会という「一ローカル・チャーチ」に向けられた神の熱い思い、慈しみをしみじみと覚える。そしてまた、確かに一生懸命ではあったが、ひとりよがりであったり、場合によっては的を外し教会が混乱する出来事にも遭遇してきたことは否めない。そうしたことについては悔い改め、神に赦しを請い願うのみである。しかし、それにもかかわらず神ご自身が慈しみと情熱をもって高座教会という信仰共同体を導き、私たちを祝福の源として用い続けてくださる現実に驚きと深い感謝を覚える。

これからも「主よ、来たりませ」、「御国が来ますように。御心がなりますように」と祈りつつ歩んでゆきたい。主イエスへの信頼のゆえに、与えられた「自分（たち）の競走」を召しとして引き受け、忍耐強く走り抜けてゆきたい。そして、次の世代に信仰のバトンを手渡していきたいのである。つねに信仰の創始者であり完成者である主イエスを見つめながら。

年表

1946 一冊の英文聖書が与えられ、教会設立の思いが起こされる
吉崎忠雄牧師が着任
最初のクリスマス（中央林間の鷲沢宅）
47 一月一九日に最初の聖日礼拝（中央林間の爾見宅）
正式名称を「日本基督教団高座コムミュニティ教会」とする
最初のイースター（鷲沢宅）
日曜学校（のちの教会学校）が始まる
南林間に教会堂建設用地を購入
賀川豊彦師を招いて特別伝道集会を開催
48 第一回洗礼式と最初の聖餐式
青年会「テモテ会」が発足
クリスマス讃美礼拝が始まる
49 宗教法人となり、「日本基督教団高座教会」と改称
「みどり幼稚園」を開設し、保育を開始
最初の教会堂「クレメンスホール」が完成し、献堂式を行なう
50 第一回教会会議を開催
50 みどり幼稚園の第一回卒園式
日本基督教団を離脱、「カンバーランド長老教会」に加入し、「カムバーランド長老高座基督教会」に改称
51 公所に日曜学校の分校を開設
テモテ会による最初の修養会（箱根仙石原）
横浜市希望が丘で家庭集会が始まる（石橋宅）
大和幼稚園で特別伝道集会を開催
「婦人会」が発足
52 日曜学校を「教会学校」に改称
中学生の会「小羊会」が発足
53 初代宣教師トマス・フォレスター師が来日
希望が丘に教会学校の分校を開設
クレメンスホールを増築
54 新しい礼拝堂建設計画が決定し、特別献金が始まる
上草柳と諏訪神社に教会学校の分校を開設
55 秦野市渋沢で家庭集会が始まる
高校生の会「一粒会」が発足

56 創立一〇周年、カンバーランド長老教会加入六周年、特別感謝礼拝を行なう
「教会標語」の使用開始
カンバーランド長老教会の総会（GA）に吉﨑牧師を派遣
57 フォレスター師一家が南林間の宣教師館に転居
吉﨑牧師が退任、生島陸伸神学生が伝道師に任職
吉﨑牧師が就任した渋沢教会の設立礼拝
スタンレー・ジョーンズ師を招いて特別伝道集会を開催
58 新しい礼拝堂建設のための一円献金運動が始まる
生島伝道師が牧師に就任
59 佐々木三雄一家がブラジルへ移住
60 教会の年度を一月―一二月に変更
61 第二代宣教師トルバート・ディル師が来日
「高座カムバーランド長老基督教会」と改称
62 婦人会による最初の修養会
みどり幼稚園の組会で聖書勉強会が始まる
63 教会総会で新しい礼拝堂の建設を決議
婦人会が「ナオミ会」、若婦人会が「ルツ会」となる
64 新しい礼拝堂建設のための克己献金が始まり、外部に対し募金の協力を呼びかける
64 第三代宣教師メルベン・スタット師が来日
二代目礼拝堂（のちのエルサレム館）が完成し、献堂式、クリスマス礼拝、燭火礼拝を行なう
65 「礼拝堂完成祝賀特別礼拝」を行なう
早天祈祷会と夕拝（夕方の祈祷会）が始まる
66 みどり幼稚園の保護者に、毎月一回の聖日礼拝と聖書勉強会への出席を義務づける
創立二〇周年、感謝特別礼拝、特別伝道集会を行ない、記念誌『カンバーランド長老高座基督教会二十年の歩み』刊行
67 ボーイスカウトとガールスカウトが発団
68 機関紙としての『パンくず』を創刊
大久保和子神学生が牧師助手に就任
69 「ベテル聖書勉強会」が始まる
中学科の礼拝「ジュニアチャーチ」が始まる
「ショップ」が全焼
70 みどり幼稚園の二代目園舎が完成
役員会を長老会と執事会に分ける
柳瀬忠司師が教区牧師、高座教会協力牧師に就任
71 「アガペ授産所」（のちの「障害者総合福祉施設アガペセンター」）の奉仕が始まる
二代目オルガンに「クロダトーン」導入

71 スタンレー・ジョーンズ師が信徒研修会の講師として再訪
72 「訪問伝道」と「祈りのチーム」づくりが始まる
濵崎孝神学生が伝道師に任職。翌年、協力牧師に就任
73 二代目牧師館が完成
クリスマス讃美礼拝を二回に分けて行なう
みどり幼稚園の日曜保育が始まる
「ベルの会」発足、「ベル・ニュース」配布開始
ブラジルの佐々木三雄が長老の按手を受ける
74 ペンテコステ伝道集会とクリスマス讃美礼拝を大和学園体育館で行なう
オフセット印刷機を導入し、『パンくず』等を印刷
図書販売が始まる
「長期構想委員会」を設置
75 聖日礼拝が二回（九時・一一時）となる
「壮年会」が発足
76 「地区担当長老制」が始まる
「教育月間」が始まる
町田公次が初代教会主事に就任
「ピリポ館」が完成
77 聖日礼拝が三回（九時・一〇時三〇分・一二時）に
みどり幼稚園が学校法人となり、「高座学園高座みどり幼稚園」に改称
創立三〇周年、記念礼拝で「三〇周年記念宣言」「大礼拝堂建設宣言」、記念修養会を行ない、記念誌『ただキリストの導きの中で』刊行
「エマオ館」が完成
宗教法人規則を変更し、「カンバーランド長老キリスト教会高座教会」と改称、また「日本教区」は「日本中会」と改称
78 ボーイスカウト・ガールスカウト発団一〇周年
「成人教育」が始まる
石塚惠司神学生が伝道師に任職
「心と心の伝道」講習会を開催
礼拝後の昼食奉仕が始まる
「ナザレ児童図書館」を開設
クリスマス讃美礼拝を教会の庭で行なう
79 「地域子どもクリスマス」が始まる
80 ブラジルから佐々木長老夫妻が来日、報告と証しを行ない、「海外伝道部ブラジル集会」となる
石塚伝道師が牧師に就任
「訪伝'80」を行なう
81 福音歌手胡美芳を招いて「老人伝道集会」を開催

81 仮礼拝堂が完成し、クリスマス聖日礼拝とクリスマス讃美礼拝を行ない、翌年一月に献堂式
82 羽鳥明師を招いて「献堂記念大伝道集会」を開催
成人教育「四・五集中講座」が始まる
「子ども祝福式」（のちの「成長感謝礼拝」）が始まる
83 「すばらしい分かちあいのとき」が始まる
「教会音楽の夕べ」鈴木雅明によるチェンバロ演奏と証しの会を開催
84 教会学校「公所分校」を開設
月報『地の塩』を創刊
生島牧師がブラジル集会を訪問
「教会音楽の夕べ」鈴木雅明・秀美によるジョイントコンサートを開催
85 阿部恵神学生が伝道師に任職
「在日カンボジア人福音集会」（のちの「カンボジア人集会」）が始まる
86 ブラジル集会を「一二地区」とし、石塚牧師が一家とともに赴任
阿部伝道師が牧師に就任
87 創立四〇周年、記念礼拝、記念特別伝道集会開催
ボーイスカウト・ガールスカウト発団二〇周年
古畑和彦神学生、松本雅弘神学生が伝道師に任職

87 「教会祈祷会」が再開される
「召天者記念礼拝」が始まる
「教会園遊会」が始まる
88 婦人会伝道グループ「五つのパンと二匹の魚」が始まる
古畑伝道師、松本伝道師が牧師に就任
高齢者の交わり「いこいのへや」が始まる
89 阿部牧師が一二地区に赴任し、一家も翌年当地へ
「日系ブラジル人集会」（のちの「地の塩コミュニティーブラジル人集会」）が始まる
「総会検討委員会」を設置
母と子の会「たんぽぽ」が始まる
91 女性長老についての勉強会を行なう
壮年会の求道者会「ときの会」が発足
92 教会憲法に基づく宗教法人規則と選挙要綱の改訂を決定し、「教会総会」から「教会員総会」、「長老会」から「小会」への改称、長老を一八名とし、執事を教会憲法に添う働きとすることを決定
「敬老の日感謝の祝い」（のちの「敬老感謝礼拝」）が始まる
93 「公所大人の礼拝」が始まる
丹羽義正神学生が伝道師に任職

93 生島牧師の奉職三〇年を記念し、夫妻と教会員有志でイスラエル旅行
教会憲法に基づく「教会員総会」を開催、長老・執事が各一八名体制となり、初の女性長老を選出
「委員会制度」が始まる
94 「礼拝検討委員会」を設置
公所に「田園キリスト伝道所」を開設し、古畑牧師と教会員二五名が転出
海老名に「海老名シオンの丘伝道所」を開設し、生島牧師と教会員五九名が転出
「共同牧会」が始まる
丹羽伝道師が牧師に就任
聖日礼拝の呼称を「主日共同の礼拝」とし、礼拝順序を変更
95 『新共同訳聖書』を採用
「高座教会活動基本理念」をまとめる
一九八四年版『カンバーランド長老教会信仰告白』を採用
ブラジル一二地区が宗教法人格を取得
「高座教会」「カンボジア人集会」「日系ブラジル人集会」の合同礼拝が始まる
「スチュワードシップ・バザー」が始まる
96 ブラジル一二地区に礼拝堂が完成
執事グループを「執事会」に改称
「信徒宣教者」制度が始まる
97 創立五〇周年、記念礼拝、コンサート、特別伝道集会を開催、記念誌『キリストのみわざをほめたたえて』刊行
教育館「ヨベル館」が完成
松本牧師が米国メンフィス神学校で研修
ブラジルから佐々木長老夫妻が二度目の来日
ボーイスカウト・ガールスカウト発団三〇周年
ボーイスカウトにビーバー隊・カブ隊が発隊
98 成人科「信仰告白」の学びが始まる
祈りのリクエストを投函する「祈りのポスト」を設置
99 高座みどり幼稚園創立五〇周年
宮城幹夫が総務主事に就任
学生会を「ハーベスト」に改称
2000 齋藤一成神学生が伝道師に任職
石塚牧師夫妻がブラジル一二地区を訪問
「サタデーナイトフェロシップ」が始まる
「日本中会五〇周年記念大会」を開催
日本語訳『恵みの契約』が出版される

01
宮城幹夫が教会主事に就任
「在日ペルー人集会」（のちの「スペイン語礼拝」）が始まる
松本牧師がブラジル一二地区訪問後、ＧＡに出席
「コミュニティー教会委員会」が発足
教会活動の柱「三つのめざすもの」を策定

02
松本牧師が担任牧師に
齋藤伝道師が牧師按手を受け、共働牧師に就任
『讃美歌21』を採用
ナオミ会とルツ会が合同して「婦人会」となり、伝道集会の名称を「ノア会」とする
ブラジル一二地区が中会所属「マッタ・デ・サン・ジョアン伝道所」となり、石塚牧師が再赴任

03
「神を体験する」の学びによりリーダーが養成され、「マスターライフ」の学び会が始まる
東京基督教大学「高座エクステンション」開講
礼拝堂にグランドピアノを導入

04
大井啓太郎中会教職者が牧会担当主事に就任
松本牧師が聖契神学校教師（非常勤）に

05
「新礼拝堂建設委員会」が発足

06
宮井岳彦神学生が伝道師に任職
春と秋にそれぞれ一か月の「歓迎礼拝」が始まる

06
三代目オルガンに「アールボーン」を導入
三大節の九時一〇分礼拝を「子どもと大人が一緒に守る礼拝」とする
「日本中会礼拝書試案」に基づき礼拝を整え、「使徒信条」「主の祈り」の口語訳を採用
ハーベストと青年会が合同して「若枝会」が発足
高座みどり幼稚園の谷中光秋園長・理事長が退任、松本牧師が理事長、鈴木裕美が園長に就任
長老定数の一八名から一二名への変更を決定
元栄信一神学生が牧会担当主事に就任
「神を体験する」学習会が始まる

07
柴田裕が小会担当、小出久雄が総務担当の主事に
創立六〇周年、記念礼拝を行なう
ボーイスカウト・ガールスカウト発団四〇周年
「高座みどり幼稚園ミッションステートメント」を宣言

08
「ニーズ型小グループ」が誕生
柳沢美登里が牧会担当スタッフに就任
「主の祈り」を日本中会訳に変更
カンバーランド長老教会総会（ＧＡ）を日本で開催

09
執事定数の一八名から一二名への変更を決定
加藤由美子が総務主事に就任

09 「とりなしの祈り」セミナーと奉仕が始まる
「新礼拝堂建設計画」の取り下げが決定
「教育サポーター委員会」が発足
10 高座みどり幼稚園創立六〇周年
「KOZAフェスタ2010」を開催
カンバーランド長老教会二〇〇周年記念行事に訪問団を派遣
「アガペ聖書の会」奉仕グループを設置
11 「日々のみことば」のメール配信が始まる
礼拝出席の求道者をフォローする「アンデレ・ミニストリー」が始まる
平尚紀神学生、片桐美穂子神学生が職員となり、瀬底正博が牧会担当スタッフに就任
12 創立六五周年、「宣教六五周年記念礼拝」「宣教六五周年記念大会」を開催
「高座教会ミッションステートメント」を宣言
「KMS委員会」を設置、礼拝堂改修への取り組みが始まる
13 関伸子伝道師を招聘
「執事職」を廃止
「富士霊園墓所礼拝」が始まる
婦人会例会が「木曜会」となる
14 関伝道師が副牧師に就任
礼拝堂が改修され、パイプオルガンを導入し、献堂式を行なう
早島万紀子、筒井寛子、高座教会オルガニストによるパイプオルガンコンサートを開催
15 高座みどり幼稚園の新園舎が完成し、「認定こども園」となる
「ファミリーチャペル」が始まる
シャローム館に「ホッとスペース〝虹〟」を開設
信徒教育「エクササイズ」が始まる
16 和田一郎神学生が伝道師に任職
松本牧師奉職三〇年記念、夫妻でイスラエル旅行
「マリッジコース」が始まる
マッタ・デ・サン・ジョアン伝道所がカンバーランド長老教会MMTの傘下となる
17 創立七〇周年、記念礼拝を行なう
ボーイスカウト・ガールスカウト発団五〇周年
「プレイズチャペル」が始まる
18 和田伝道師が副牧師に就任
宮城献神学生が伝道師に任職
19 婦人会を「女性会」に改称
高座みどり幼稚園創立七〇周年

歴代牧師・伝道師

吉﨑忠雄　一九四六年―一九五七年
生島陸伸　一九五七年―一九九四年
柳瀬忠司　一九七〇年―一九七三年
濵崎　孝　一九七二年―一九七五年
石塚惠司　一九七八年―二〇〇二年
阿部　恵　一九八五年―一九九四年
古畑和彦　一九八七年―一九九四年
松本雅弘　一九八七年―
丹羽義正　一九九三年―一九九九年
齋藤一成　二〇〇〇年―二〇〇四年
宮井岳彦　二〇〇五年―二〇〇六年（＊）
関　伸子　二〇一三年―二〇一六年
和田一郎　二〇一六年―
宮城　献　二〇一八年―（＊）

牧師は伝道師の期間を含む。（＊）は伝道師のみの活動

歴代宣教師

トマス・フォレスター　一九五三年―一九六四年
トルバート・ディル　一九六一年―一九六六年
メルベン・スタット　一九六四年―一九九〇年

歴代主事

町田公次　一九七六年―一九九九年
宮城幹夫　一九九九年―二〇〇七年
大井啓太郎　二〇〇四年―二〇一一年
元栄信一　二〇〇六年―二〇一二年
柴田　裕　二〇〇六年―
小出久雄　二〇〇六年―
加藤由美子　二〇〇九年―二〇一七年

後記

高座教会はこれまでに『二〇年史』、『三〇年史』、『五〇年史』と三回、その軌跡をまとめ、記念誌として刊行してきた。二〇年史は教会の創立以来一〇〇歳まで現役で長老を務めた田中清隆が、ほとんど独力で書き上げた記録であり、三〇年史は教会主事であった町田公次が中心となって、多数の関係者に執筆を依頼してまとめている。五〇年史も当時の長老関根一夫ら記念誌編集委員会が、教会員らに依頼した原稿をまとめるという三〇年史の編集手法をほぼ踏襲しているが、写真資料にかなり力を入れている点に特色がある。そして、いずれの場合も共通して、これまで三度建てた礼拝堂の変遷が、時代区分の大きな節目になっているように思われる。

それでは今回の編集方針はどうしたらよいか、これが七〇年史編集委員会の最初の課題であった。当初は、これまでの成果を踏まえて、五〇周年以降の歩みに重点をおいてはどうか、という意見もあった。しかし最終的に私たちは、前記の三冊の記念誌が個人的記録の性質が強かったり、逆に多数の人間の回想・感想などの集積的性格が強いので、今回は高座教会の七〇年の歴史の流れを、できるだけ複眼的・客観的に委員全員でふり返り、委員自身がその歴史のなかで生起した主要な問題点をどう受けとめ、その克服に教会がいかに取り組んできたかを根幹とする通史を記述する、という試みに取り組むこととした。

また、私たちは今回の作業を始めるにあたって、『七〇年史』をただ過去の歴史をなつかしくふり返るのではなく、今後の高座教会のあり方を考える手掛かりになるものにする、という作成の目標をまず確認した。具体的に言えば、通史を考えるうえで、松本牧師の緒言にもあるように、「人間的混乱にもかかわらず示される神の摂理」を、私たちのあいだの合言葉としたのである。

たった一冊の英文聖書の贈り物から教会が誕生し、会員数一〇〇〇人をはるかに超える大きな集まりに発展し、さらにそこから一二の教会と伝道所が分かれ育ってカンバーランド長老教会日本中会を形成するに至る歴史は、神の恩寵による奇跡と言えよう。しかし、その発展の歴史には、教会といえどもしばしば人間的な混乱や過ち、対立や争いが含まれている。私たちは、そうした人間の集団に避けられない問題点も、できるだけ客観的に、冷静に記述し、それを乗り越えてきた先人たち、同信の会員たちの信仰に目を注ぐことに努めた。単なるきれいごとではない教会史によって、私たち自身の信仰が将来に向かってさらに深められることを願ってのことである。

ただ、こうした方針を貫くことは、現実にはなかなか困難であった。すでに関係者の多くは召天されており、記録も残されていないことが多い。逆に存命者が関係してくる場合には、明らかになったと思われる事実も、それをどう記述するかには慎重な配慮が必要になる。私たちは多くの関係者や遺族に長時間インタビューし、その記録を共有しながら委員のあいだで議論を重ねた。そうした事情もあり、それに加えて多忙な委員たちのスケジュールの問題もあって、刊行が大幅に遅れたことをお詫びしなければならない。

また本書は、編集半ばの段階で新教出版社から刊行されることが決まり、高座教会の関係者のみならず、一般の読者の目にも触れることとなった。アジア・太平洋戦争後に誕生した一教会の七〇年の歴史が、他教会の方々、あるいは近代日本のキリスト教史に関心のある方々に読んでいただくに足るものになるであろうか。

考えてみると、周知のように日本のキリスト教徒の数は、総人口のわずか一パーセントにも満たない。それにもかかわらず、多くの関連する書籍が刊行され、テレビやラジオでもたびたび日本のキリスト教史が取り上げられるのは、信徒数や教会数から見れば極めて小さな存在であるキリスト教が、棄教者も含めてキリスト教と真摯に取り組んだ多くの優れた思想家たちを生んだことによって、教育活動や社会運動もあいまって近代日本に大きな影響を与えてきたからではないであろうか。

私たちは七〇年史を記述するに際し、当初から教会のなかだけに目を向けるのではなく、できるだけ広い視野で社会の変化と関連づけながら教会の歩みを跡づけたいと考えていた。しかし記述が現在に近づくにつれ、取り上げたい活動やその資料は洪水状態であり、教会内のことに目を奪われて初期の目的を十分達成することができなかった。ただ、高座教会外の読者も意識して、これまでの二〇周年、三〇周年、五〇周年の記念誌に見られるやや内向きな記述をできるだけ避けるように努めた。"Human confusion, Devine providence"という標語には、そうした意図も込めたつもりである。

実際の執筆は七〇年の歴史を鈴木健次、瀬底正博、西村秀矢、松本雅弘の四名が分担して初稿を作成した。初稿について編集委員全員で意見交換を重ね、その提言に沿って原稿を補完あるいは削除、修正したのち、改めて執筆者四名に関根正広が加わって、文体、用語、表記などの統一に当たった。なお引用の部分については史料を尊重し、原則として原文を変えず、旧かなづかいと旧漢字もそのままとした。年表その他の資料の作成は主に関根正広、西村真、町田零二が担当した。インタビューの文字起こしは片桐美穂子が、文書史料の調査は柴田裕が主として担当し、出版にあたってのレイアウトおよび校正には、編集者である瀬底正博とデザイナーである関根正広の専門的経験が大いに役立った。また、初稿の段階でキリスト教出版のコイノニア社社主・編集者であった教会員、市川邦雄から細かな助言を得たこともここに記して感謝したい。

一応のまとまりをつけた原稿は、歴代の牧師、長老、主事室スタッフなど、とくに高座教会の歴史形成とかかわりが深かった方々にお読みいただき、それぞれの方から編集方針や問題意識、文章表現などについてご意見をいただいた。ご指摘いただいた点については、改めて編集委員会で検討し、可能なかぎりの修正を加えた。しかし、限られた時間のなかでの作業であり、頁数の問題もあって、いただいたご意見のすべてを反映させることはできなかったことをご寛容いただきたい。

ご協力いただいた方々、とくにインタビューに応じて貴重な情報を提供してくださったり、原稿を精査していただいた生島綾子、生島陸伸、石塚恵司、小栗静子、瀬底恵子、高橋信夫、谷中光秋、千葉庄平、丹羽義正、森英志、森美佐緒、安原明子、吉﨑恵子、吉﨑望の皆さんに心からのお礼を申し上げる。

最後に、「後記」としては適当ではないかもしれないが、高座教会のこれからの一〇〇周年、一五〇周年に想いをはせ、長きにわたった執筆・編集の作業中に出会い、支えとなったアメリカの自由主義神学者ラインホールド・ニーバーの言葉を、しめくくりとして記しておきたい。

神よ、変わることのないものを守る力と、変えるべきものを変える勇気と、この二つを識別する知恵を与え給え。

二〇二〇年三月

七〇年史編集委員会委員長　鈴木 健次

イエスを見つめながら
カンバーランド長老キリスト教会 高座教会七〇年史

2020年5月1日 第1版第1刷発行

編 者 カンバーランド長老キリスト教会 高座教会
発行者 小林 望
発行所 株式会社新教出版社
〒162-0814 東京都新宿区新小川町9-1
電話（代表）03（3260）6148
振替 00180-1-9991

印 刷 モリモト印刷株式会社

ISBN 978-4-400-22713-7 C1016